gli elefa

Opere di Carlo Emilio Gadda
in edizione Garzanti

Quer pasticciaccio brutto de via Merulana (1957)
I viaggi la morte (1958)
Accoppiamenti giudiziosi (1963)
I Luigi di Francia (1964)
*Il guerriero, l'amazzone, lo spirito della poesia
nel verso immortale del Foscolo* (1967)
Eros e Priapo, da furore a cenere (1967)
La Meccanica (1970)
Novella seconda (1971)
*A un amico fraterno.
Lettere a Bonaventura Tecchi* (1984)
L'Adalgisa (1985)
*Lettere a Gianfranco Contini
a cura del destinatario (1934-1967)* (1987)
*Opere di Carlo Emilio Gadda.
Romanzi e racconti I* (1988)

Carlo Emilio Gadda

La Madonna dei Filosofi

Presentazione di Dante Isella

Garzanti

In questa collana
Prima edizione: aprile 1989

ISBN 88-11-66702-X

Presentazione

L'uscita, per le stampe, a iniziare dal Giornale di guerra e prigionia *(1955), di alcuni degli scritti giovanili di Gadda rimasti sino a quel tempo inediti (seguì nel '65 la seconda edizione accresciuta del* Giornale, *nel '70* La Meccanica, *nel '71* Novella seconda), *fu come il primo mettere mano alle carte stipate nei favolosi bauli dell'Ingegnere. Dopo la sua morte ha preso avvio, insieme con il consolidarsi del titolo Gadda alla borsa dei maggiori valori del Novecento europeo, il lento, indispensabile lavoro filologico, approdato per ora all'edizione di due testi chiave della formazione dello scrittore: il* Racconto italiano di ignoto del Novecento (Cahier d'études), *datato tra il 24 marzo 1924 e il 15 luglio 1925, e la* Meditazione milanese, *scritta in prima e seconda (incompiuta) stesura tra il 2 maggio e il 28 agosto 1928. Siamo, come si vede, avanti la* Madonna dei Filosofi, *del 1931. A mano a mano che aumenta e si precisa la nostra conoscenza dei segreti dello scrittoio di Gadda, la linea segnata dai titoli della sua carriera pubblica si configura sempre più come la cresta emergente, frastagliata e spesso occasionale, di una magmatica terra sommersa: immagine peraltro quanto mai fedele della divisa esistenza dell'uomo. Ma, se si ha mente ai casi della vita, il ritorno dalla prigionia, la laurea al Politecnico, i primi impieghi ingegnereschi, l'emigrazione in Argentina per nuovi impegni di lavoro, gli studi di filosofia seriamente condotti fino alla soglia di una seconda laurea (in vista anche di una diversa sistemazione: nel '28 fu questione pure di succedere a Tecchi nella direzione del Gabinetto Vieusseux, dove andò poi Montale), e infine il rientro,* riluttante e con intermittenti dolorosi strappi, nella rete dei doveri professionali che per anni lo assorbirono, in proporzione al suo altissimo senso del dovere, fino allo spasimo: tutto questo, dopo gli stenti e gli strazi della guerra al fronte e del Lager di Celle, cresce a dismisura lo stupore per un'attività, intellettuale e fisica, che tiene quasi dell'incredibile. Un'energia vitale, una tensione onnivora verso l'esistenza che è la forza prima dello scrittore. La radice della sua eccezionalità, certamente la ragione anche della sua frammentarietà o incompiutezza. Potremmo parlare di un'ingordigia di Gadda, di cui la specificazione gastronomica, largamente attestata, è soltanto il sintomo: una sorta di somatizzazione, come il vomito di Dedalus in rapporto all'odiosa-amata Dublino.

«Dio mi ha inaspettatamente ma giustamente punito della mia gola, della mia avidità, della mia rapacità da Vitellio», scrive ad Alberto Carocci all'inizio del '28, in una pausa milanese per malattia. «Addio monti di spaghetti sorgenti dall'acque salsose della pommarola che giungeva quasi 'n coppa e con cui mi imbrodolavo (nei momenti d'oblio) il bavero della giacca e la mia poco rivoluzionaria cravatta! Addio care memorie di spigole, di vongole, di spiedini di maiale, di panforte, e di altri vermiciattoli mangiati nelle più nefande e saporose bettole della suburra, facendo finta di discutere lettere e politicaglia tanto per salvare un po' le apparenze, ma in realtà con l'occhio al piatto che arriva, fumante, trionfante, eccitante, concupiscente e iridescente di smeraldino prezzemolo. Addio! O, per lo meno, arrivederci». Un'analoga impressione di imbandigione folenghiano-rabelaisiana, esorbitante e sensuosa, coglie il lettore di fronte al primo tentativo di romanzo di Gadda, dove, nel connesso journal o cahier d'études che lo illumina di una sorvegliatissima attenzione critica, l'autore riconosce il suo vizio di incontinenza: «Mi rincresce, mi è sempre rincresciuto rinunciare a qualcosa che mi fosse possibile». Intende dire della sua incapacità a determinarsi per l'una o per l'altra maniera della sua scrittura (che rassegna puntualmente: la «logico-razionale», la «umoristico-ironica», la «umoristico-seria», la «enfatico-tragica», o la «cretina»: «fresca, puerile, mitica, ome-

8

rica, con tracce di simbolismo, con stupefazione-innocenza-inge-
nuità»: ma si comprende che parla anche dell'impossibilità a
chiudersi dentro una sola scelta di vita, un unico ruolo. Così,
quando si affaccia al mondo di «Solaria», non può non avvertire
di essere «un po' discosto dal nitore» di quei letterati fiorentini.
Scrive a Bonaventura Tecchi, il compagno di prigionia, che lo ha
introdotto in quell'ambiente: «tu sai che a fare il letterato puro io
non ci riesco, perché mi si è guastata la mano, come i violinisti
quando si mettono a sonare la "Traviata" invece del "Gradus ad
Parnassum" di qualche provetto accademico. Allora degenerano,
come me, nel caffè concerto. In confronto al rigore eccezionale
dei direttori di "Solaria", forse io scrivo da cane. Ma credi che,
quando scrivo, penso: certi passi apparentemente trasandati sono
prove e studi: se vedessi le minute che groviglio sono! [...] certo il
mio metodo è diverso, perché io sono del parere di accogliere anche l'espressione impura (ma non meno vivida) della marmaglia,
dei tecnici, dei ragionieri, dei notai, dei redattori di réclames, dei
compilatori di bollettini di borsa, ecc., dei militari oltre che quello che il cervello suggerisce bizzarramente per le sue nascoste vie.
Altrimenti che cosa se ne fa di tutta la vita?».

L'esigenza razionale lo soccorre a riconoscere nella propria
mutevolezza la stessa legge di continua metamorfosi che governa
tutto l'universo, la natura non meno che lo spirito: ogni scelta
precostituita, ogni partito preso è la morte. Donde la necessità di
abbandonarsi all'istinto, di assecondarlo senza programmi pre-
concetti. Lo stile di Gadda è quello che gli impone la passione del
momento. Tra i due rischi, di chiudersi in una formula fossile o
di mancare di fusione, egli non sceglie: accetta la propria mancanza di armonia, la propria vitale eterogeneità. Il Gadda è barocco
perché è barocco il mondo. Presentando (quasi difendendolo da
prevedibili appunti critici) uno degli scritti della Madonna dei
Filosofi, Cinema, egli spiega che quello che ha cercato di fare è
«il mostrare che l'individuo non è mai solo: vive con le più barocche apparenze del mondo fenomenale, il suo dolore, la sua
fantasia, la sua ingenuità, la sua ingordigia si mescolano ai più

9

bizzarri imprevisti di colore, di suono, di nomi, di ricordi, dal tram che cerchi di schivare alla battaglia di San Martino, dall'ombrello che ti fregano mentre sei distratto, al malanimo di chi vede in te, non un passante qualunque della umanità, ma p.e. un borghese, un ricco, uno che ha delle belle scarpe. E ti odia a morte per via delle scarpe nuove, che magari ti sei pagato a furia di sacrifici».

Tra il ritorno dall'Argentina (fine di febbraio del '24) e il rientro nella «schiavitù ingegneresca» (primavera del '26), Gadda sperimenta, in due anni di intenso impegno, la propria vocazione di scrittore: i quaderni che riempie della sua fatica sono (come è risultato evidente dalla loro pubblicazione, benché non ancora completa) la tormentata registrazione di un esemplare Erlebnis e la sua impossibile organizzazione in un'ordinata fabula. Diventano poi la riserva, il caotico ma ricco fondaco da cui estrarre, liberati dal groviglio della loro fallita messa in opera romanzesca, i pezzi con cui incominciare a segnare, sul territorio della repubblica letteraria, i confini del proprio ducato. Così nasce La Madonna dei Filosofi. Tutti o quasi gli scritti del libro, quale uscì nel marzo 1931 nelle «Edizioni di Solaria» (mille copie di cui «800 in vendita e servizio stampa, e 200 costituenti l'edizione originale») sono nati nei quaderni del Cahier. Da lì, e da un terzo quaderno fisicamente eguale (dove sono cose che legano con registrazioni del secondo quaderno, affatto autonome rispetto al Racconto italiano) derivano, con interventi stilistici e di montaggio diversi, Teatro, Cinema, presente in vari rifacimenti (anche con quella seconda parte, rimasta inedita, che è stata messa in luce di recente) e, intieri o a spezzoni, tre degli otto Studi imperfetti (Preghiera, Certezza e L'antica basilica). Singolare il caso di Manovre di artiglieria da campagna, risultato di un'abile riorganizzazione unitaria di Generale italiano (nel secondo quaderno, con la data del 20 aprile 1925), di alcuni tratti caricaturali del colonnello Ghislandi (25 settembre 1924) e della registrazione «Dal vero» (tra il 28 luglio e il 2 agosto di quell'anno) di manovre e di tiri di artiglieria contro le rocce di Sormano osservati «dall'Arca di Longone» (al Segrino). E non meno singolare, nella «novella borghese» che dà titolo al libro, la stretta somiglianza del ritratto (autoritratto) dell'ingegner Baronfio con il Cesare Manni del Racconto italiano: un personaggio che, nell'aggrovigliato intreccio degli avvii narrativi di Gadda, continuerà a vivere, promosso a protagonista, in Novella seconda. Caduto il proposito di aggregare agli scritti già scelti anche La Meccanica (che avrebbe fatto lievitare di troppo il numero delle pagine e le spese di tipografia: Gadda, con il sostegno di Tecchi, si era impegnato a pagare duemila lire per un volume di circa duecento pagine), non sarebbe stato diverso il caso dell'ultima novella che egli avrebbe voluto aggiungere (e dalla quale il libro avrebbe dovuto prendere nome), Notte di luna: un testo che, così come lo conosciamo dalla sua pubblicazione nel '71, è una rielaborazione, la più fedele di tutte, non di pagine dei quaderni del Cahier d'études autonome ormai rispetto al Racconto itaiano (o presenti in quella sezione di «ventate» e «affioramenti» che intrattengono con esso un rapporto molto indiretto), ma proprio dei materiali narrativi del Racconto.

Tra la prima idea del libro, messa avanti in una lettera (dell'11 settembre 1928) ad Alberto Carocci, direttore di «Solaria», e la sua uscita nelle librerie, due anni e mezzo possono sembrare anche troppi. Si trattava, seguendo l'amichevole consiglio di Tecchi, di raccogliere, eventualmente di rivedere, cose già pubblicate: e quasi tutte (salvo le Manovre uscite su «La Fiera letteraria» del 23 settembre) nella stessa rivista «Solaria». Gadda aveva iniziato a collaborarvi proprio con quattro degli otto Studi imperfetti (i soli accolti dei sette che aveva presentati), nel giugno del '26; e nei due anni appresso vi aveva visto pubblicati tutti gli altri. Ma erano sopraggiunti anni, impegni di lavoro che lo avevano allontanato, non si potrebbe di più, da quel mondo. Basti pensare che, quando Carocci gli annuncia le prime bozze del libro, Gadda chiede gli vengano spedite all'Hôtel Kaiserhof di «Sterkrade, (bei Oberhausen), Rheinland, Germania»: indirizzo messo in calce alle lettere del luglio 1930. Sta scrivendo: spera ancora di poter fi-

nire Notte di luna. *In Renania, quell'anno Gadda era arrivato, «al consueto Kaiserhof», già nel gennaio. Con i rigori dell'inverno nordico, lo aveva accolto di nuovo il duro lavoro sugli impianti: costruzione, collaudo, prove dimostrative del sistema di produzione dell'ammoniaca sintetica inventato da Luigi Casale e prodotto dalla sua Società. Quelli di Sterkrade (il primo costruito nel '27, un secondo nel '29) erano impianti-modello, di grande prestigio promozionale, perché collocati nel cuore dell'impero della più potente industria chimica tedesca, la BASF (Badische Anilin und Soda Fabrik). La competizione era aspra, imponeva un impegno severo, così da sembrare quasi la continuazione, in campo industriale, della guerra combattuta quindici anni prima. La disciplina aziendale (dai documenti interni che si sono conservati) teneva assai, in quei tempi, del rigore militare. Sono, per esempio, militari i riferimenti (e proprio a episodi della guerra del '15-'18) addotti dai superiori come comportamenti esemplari che dovevano continuare a valere anche nella vita «civile» («come nel lontano gennaio 1915, un richiamo alle armi ecc.»); militari le espressioni che al disciplinato ingegner Gadda avviene più di una volta di usare, persino nella corrispondenza con gli amici letterati (meritorie le raccolte uscite sin qui delle* Lettere a Solaria *e di quelle ai vecchi compagni di Celle, Ugo Betti e Bonaventura Tecchi): «sono ancora in alto mare per quanto riguarda il mio congedo dalla carretta, che sto tirando»; oppure: «prima di ripartire per l'estero, avrò una decina di giorni di licenza»; od anche: «col nuovo anno 1930 (e cioè a giorni) io sono stato destinato dalla mia società a eseguire il montaggio degli impianti all'estero ecc.». Un ritardo di solo poche ore nel raggiungere il luogo della propria «missione» poteva essere motivo di brucianti richiami ai propri doveri, come accadde proprio nel luglio 1930 quando Gadda rientrò a Sterkrade, da una licenza famigliare, quasi un giorno dopo la sua scadenza. E non si sta a dire dei pericoli, per impianti ad alta pressione: come fu, il 5 novembre 1930, l'esplosione dell'officina di sintesi di Anzin (Francia, Nord), oggetto di un dettagliato, diligentissimo «rapporto» tecnico («I pilastri della*

12

sala si sono come leggermente aperti, il tetto è sparito, le pareti di cloison sono senza vetrate e fortemente bombées *verso l'esterno. Il muro da 500 in calcestruzzo ha assolto il suo compito [...] Miracolosamente, nessun morto: due feriti leggeri e 1 più grave [...] L'aspetto del disastro è terrificante [...]»).* Sono esperienze che nella corrispondenza con gli amici «solariani» si traducono tutt'al più in qualche frase di insofferenza, in qualche esplosione verbale: più spesso, dopo lunghi silenzi (baratri in cui credersi definitivamente inghiottito) in scuse e richieste di perdono. Se si ricordano qui è solo per misurare l'immensa, lacerante distanza dal mondo della Firenze dei caffè, e dalla sua società letteraria, delle desolate zone carbonifere dell'Europa settentironale, tra Germania Francia e Belgio (il carbone era la materia prima essenziale per la lavorazione dell'ammoniaca) e degli sperduti, squallidi alberghetti in cui a Gadda toccò di vivere, tra il '26 e il '31, giusto gli anni della prima collaborazione alle riviste e della Madonna dei Filosofi. Ne sono il verace documento certe pagine di Tecnica e poesia (*in* I viaggi la morte, 1958): «*Ricordo: nel Belgio: il novembre-pantano di Jemmapes: quando un treno mi portava alla fabbrica traverso il buio del mattino. Ricordo la landa impelagata dalle piogge sotto il cielo basso, di cenere; qualche alberello emergeva solitario dall'acqua, uno scheletro nero, scontorto: memoria del mondo vegetante*».

Nella sua stanza al Kaiserhof Gadda continuava, nelle ore notturne, a scrivere e riscrivere Notte di luna. Avrebbe potuto consegnarla a metà di febbraio. Chiedeva gli lasciassero anche una pagina libera, lo spazio per una finale «*implorazione di perdono dalle ipotetiche lettrici per la miseria del lavoro*»: un Madrigale. Assai probabilmente la stessa implorazione, con aggiustamenti, che in un foglio del Cahier d'études *reca la data del 24 agosto 1924*: «*Noi pensiamo con dolore e vergogna che non abbiamo parlato alle graziosissime o stupende lettrici con quella dolce voce che è nei sogni del nostro animo profondamente cavalleresco. Noi sentiamo tutta la nostra indegnità e bruttezza e apertamente ce ne confessiamo colpevoli e facciamo proponimento di emendarci*

13

nell'avvenire. Ci vogliano esse condonare la severa pena del loro disdegno in una più umana comprensione del nostro tormento. Ci vogliano condonare questa atroce multa che pur meritiamo per la zoccolante miseria, per la sudicia volgarità, per l'enfasi spropositata, per la folle movibilità, per la grossa approssimazione, per la perversa mania di retroscena, di cui abbiamo loro esibito in somma la miserevole prova. Noi abbiamo a nostra discolpa una sola ragione: noi non abbiamo mentito! Noi siamo stati diligenti notaî. Vogliano esse credere che abbiamo vissuto da miserabili fra miserabili uomini e bucce di patate andavamo a rubarle. E ci contorciamo così come una serpe, che la folgore dell'Arcangelo abbia raggiunto, e invano si contorca in mostruose e spasmodiche...». Il testo si interrompe qui, ma è ripreso appena più avanti nel quaderno, iniziando di nuovo dalla fine della penultima frase: «*Le nostre labbra pallide tremavano, il nostro cuore già salutava la consolatrice, e nessuno ci voleva più. I nostri occhî non potevano piangere. Così era stato vuotato il calice buono di nostra vita*». Per chiudere, poi, «*classicamente*», con l'immagine già tentata sopra: «*E così come la serpe ci contorciamo in uno spasimo folle, e vano, cui la spada folgorante dell'Arcangelo abbia raggiunto. Ma dal cuore maledetto un fiore puro germoglia. E sia questo per loro*».

Neppure il Madrigale *riuscì a giungere in tempo alla tipografia Parenti di Firenze (se pure fu spedito)*. La Madonna dei Filosofi *(ma così è di quasi tutti i libri di Gadda) va letta non meno attentamente per quello che è, che per quello che avrebbe dovuto essere e non è stata.

Dante Isella

La Madonna dei Filosofi

A Tilde Gadda Conti

Teatro

Rimasi al buio.

Non vidi più Giuseppina, né i Biassonni, né i Pizzigoni, né il grand'ufficiale Pesciatelli.

In preda a un leggero batticuore, mi chiedevo che stesse accadendo, allorché apparvero delle rocce, percorse da un fremito: si gonfiavano come la vela toccata dal marezzo: come per bonaccia poi si abbiosciavano. Qualche metro più in là il cielo dell'alba, con lo zaffìro richiesto dal caso: da un lato aveva assunto un aspetto lievemente verdastro in seguito a una riparazione.

Da dietro le rocce sbucarono, suscitando la curiosità generale, un uomo corpulento e una donna assai pingue, stretta per altro nella ritenutezza d'un robusto fasciame cosparso di vetruzzi.

C'era per aria un vecchio dispiacere.

Presero difatti a rinfacciarsi l'un l'altra i loro diportamenti: ella con lodoleschi trilli e occhi di ex-vipera. Egli bofonchiò truce le più spropositate assurdità. Parevano dapprima un po' timidi, oh! ma si rinfrancarono tosto.

Inorgogliti dalle luci color indaco, violetto e giallo canarino che gli aiuti-elettricisti proiettavano sopra di loro, eccitati dall'invidia e dall'ammirazione che venivan suscitando in tutti gli altri, rimasti così miseramente al buio, essi tranghiottivano a tratti, nelle pause, la tenue saliva del loro magnifico «io».

Egli, poi, andava giustamente superbo d'un elmo dorato e

d'una scimitarra argentata dal tintinnìo metallico come di posateria presso l'acquaio.

Vestiva lo smagliante costume dell'ammiraglio persiano, con calzari di cuoio al cromo riccamente adorni di gemme di vetro: aveva vinto Sardanapalo e i suoi temibili congiunti Agamennone e Pigmalione: si esprimeva concitatamente, mediante settenari sdruccioli e tronchi.

I più significativi provocavano dei violenti starnuti in ottanta uomini ordegni che un signore in frack teneva a disposizione dell'ammiraglio.

La donna, una faraònide, vestiva a sua volta in modo superiore a ogni previsione.

Dodici lunghi pennacchi, rigidi ed aperti a ventaglio, corroboravano di un'aureola tacchinesca il santuario della pettinatura.

Per diademi e collane fascinanti barbagli, come ai bastioni Genova, con altri timpani, quella che il serpente carezza.

Diademi, collane; occhiaie bleu. L'abito rosa trapunto di stupende pagliuzze metalliche; lo strascico una scopatrice stradale.

Raccontò del suo crin e ci fornì elementi circostanziati sulle principali peripezie del suo sen; non trascurò l'alma; illustrò le forme più tipiche del verbo gire, coniugandolo al participio, all'imperfetto, al passato remoto e al trapassato imperfetto; propose alcuni esempi di quella parte del discorso detta dai grammatici interiezione, scegliendoli con gusto e opportunità fra i più rari della nostra letteratura, quali «orsù» e «ahi! lassa».

Tutto questo con gutturazioni impeccabili; le ultime, le più acute erano addirittura l'ì, ì, ì d'una porta malvagiamente irrugginita, che si chiuda a scatti, nella beffa d'un ragazzo malvagio.

Quando l'ultima vibrazione dell'ultimo ghirigoro si spense nel sepolcro notturno, un raggio di speranza arrideva ai nostri cuori fascinati: ma l'ammiraglio, che non aspettava altro (avendo nel frattempo ripreso fiato) scoppiò nelle più truculente vociferazioni.

Rimasi esterrefatto. Mi spiegai per altro la gravità del caso, di fronte al quale le mie modeste preoccupazioni di ingegnere elettrotecnico dovevano necessariamente passare in seconda linea: la pericolante successione al trono d'Egitto, cui portavano inciampo gli amorazzi della ben nota regina Semiramide, veniva a complicarsi ulteriormente per effetto delle mire ambiziose di Giocasta e di Maria Teresa.

Esse andavano sobillando (l'una però all'insaputa dell'altra) la celebre etàira Anassàgora, affinché, attratto l'ammiraglio in una notte di piaceri durante il plenilunio imminente, volesse condividere secolui il pomo di Cafìr, per buona parte avvelenato, lasciando quel grande nelle peggiori difficoltà.

Uomo e donna finirono per litigare: usarono, è vero, modi assai sconvenienti, ma nessuna maiolica fu portata in scena, come nel dozzinale cinematografo. Accorsero diverse persone.

Intanto l'ala aquilonare, vaga sempre nelle alte regioni atmosferiche, andava molestando una roccia, fra le maggiori costituenti quell'importante gruppo orografico.

Apparve un pompiere. Credevo intervenisse per sedare il battibecco, per ricondurre il vincitore di Agamennone a più miti propositi, avvalendosi assai opportunamente di disposizioni regolamentari. Ma, riflettendo meglio, capii che si era sporto per errore, forse attratto dal campo magnetico rotante di alcune danzatrici, i cui piedi sembravano volersi disfare, ora al nostro indirizzo ora al suo, di una molesta ciabatta.

Egli non faceva parte del capolavoro: è un pompiere, per spegnere «il fuoco», se avviene «l'incendio», poiché tutto è previsto nei moderni teatri. Qualche arrosto metropolitano non è che un'eccezione a confermare la regola; si tratta d'altronde della disciplinata solerzia dei vigili nel trattenere la folla dei salvatori troppo dilettanteschi.

Nel frattempo gli elettricisti avevano tramutate le loro luci in giallo limone ed arancione dacché, secondo notizie raccolte e coordinate in appresso, all'alba era succeduto il giorno. Inseguirono con i riflettori l'ammiraglio e la faraònide che si aggiravano sbraitando sull'impiantito: se miravano male, in quella specie di tiro al piccione, davano aureole e barbagli al pompiere.

Gli accorsi erano divenuti folla: si distinguevano agevolmente, ai varî e tipici costumi di tela stampata, pescatori, arcieri, peltasti, prefetti del popolo, mugnai assiro-babilonesi, indovini, legionari romani, navarchi, fabbricanti di vasi di Samo, chiromanti di Cirene, piloti mauri, il pretore d'Oriente con tre persone del seguito, pubblicani, farisei, dentisti, tornitori di gambe di seggiola, ex-ministri di Sardanapalo ed altre persone di moralità indiscussa, dotate comunque di buona volontà mesopotamica o di solida cultura classica, come testimoniavano le varie fogge del loro abbigliamento.

Eppure presero a delirare tutti in una volta, inseguendo con laceranti unìssoni i fonismi di quei due: urlavano a perdifiato le più roboanti stravaganze, le più imprevedibili assurdità, senza muoversi, senza guardarsi, rossi, gonfi, turgidi le vene del collo, il mastoide indafarato come un ascensore, le mani in mano: e come rivolti al nulla e a nessuno; e come assolti da ogni riferimento alla realtà delle cose. Ogni faccia, maschera della follìa, defecava la sua voce totale nella cisterna vuota dell'insensatezza.

«Meraviglioso, meraviglioso…» mormoravano nel palco vicino i signori Biassonni. Anche il grande ufficiale Pesciatelli, che non si meraviglia mai di nulla perché ci tiene a farsi prendere per un inglese, fu coinvolto nella stupefazione generale.

Il signore che, in frack, è sul podio, avrebbe potuto interporre i suoi buoni uffici e la sua autorità per sedare tanto tumulto: e invece si sbracciava ad esacerbarlo, incurante degli insegnamenti del Vangelo e del progressivo rammollimento cui le parti inamidate della persona venivan soffrendo.

Si ebbe così un ben meritato castigo, dacché le ridusse impresentabili, macerandole di acidi della serie aromatica e della serie grassa, di ammino-acidi, di composti albuminoidi varî e di altre sostanze azotate.

Perché si prestasse a ciò, la direzione del Teatro gli aveva conferito un lauto onorario.

A un tratto, il buio cessò anche per me.

Lo sfolgorìo dei lampadari avvolse di luce le più giovani dame della città, dicendo alto l'elogio di dolcissime curve o della «maigreur élégante de l'épaule, au contour heurté». Alcune, come una goccia di sangue, avevano un rubino sulla bianchissima gola.

Le attendono i cuscini dal disegno ignorato; ora il genio del melodramma disseta le loro anime con la linfa della eterna bellezza.

Ero sprovveduto di occhiale madreperlaceo: così le guardai a occhio nudo, dato che ci vedo abbastanza bene anche così.

Lo spettacolo fu indescrivibile: quella sera la più colta società babilonese s'era data convegno al Ponchielli. Il fondo del ferro di cavallo era percorso da signori serissimi. Nei palchi più costosi, gli sparati perfetti, le attillate bande dei frack, i polsi immacolati, un distratto sussiego dicevano: «Noi conosciamo i retroscena della vita! Le spole secrete del mondo noi siamo a passarle per mezzo l'ordito della grossezza plebea. La nostra scienza, il nostro ingegno, il nostro potere, i nostri denari permettono al genio che ci divaghi, come un giullare. Poiché questo è genio autentico». Difatti i buongustai, i cultori, i critici si congratulavano gli uni con gli altri. In alto si sentiva gridare aranciata. Bacche di perle sui seni burrosi della seconda giovinezza: stille di brillanti. Non s'era mai vista una cosa simile. Un diffuso profumo di paste e di farine da tavoletta mi faceva pensare a un favoloso gineceo, dove purtroppo è proibito entrare, se non a speciali personaggi un po' grassocci.

Si udirono tuoni lontani: Sardanapalo era diretto verso le porte del Tartaro.

L'impiantito fu zoccolato da un nùgolo di diavoli, con code di cartone e tridenti di legno rinvolto nella stagnola; le anche, come quelle degli antichi fauni, erano avvolte di pelli caprine, le gambe protette da calze rosse. Erano le tempie provvedute di conetti di panno rosso imbottiti, a raffigurare le emergenze cornee proprie di questi temibilissimi spiriti.

Mentre li ritenevo assai vivaci e sprizzanti dagli occhi una perversa malizia, con la quale e con cenni della coda inducono le ragazze alle più rischiose disubbidienze, furono quella sera oltremodo melensi e sbugiardarono altresì quel turista fiorentino, che li fotografò in attitudini poco contegnose e li dice facili alle peggiori scurrilità.

«Fatti più là, lasciami un po' di posto», pareva dire ciascuno al suo simile, quando apparvero alquanto rattrappiti attardandosi e urtandosi, come dei collegiali dal fotografo.

Un'aria fredda doveva tirare da qualche porticina di servizio del Tartaro con disagio dell'ambiente plutonico: perché, con la coda dell'occhio, guardavan tutti da una parte quasi per dire: «Chiudila!»

C'era poi, bisogna riconoscerlo, quel sordo mormoramento, come di grattugia, che l'uomo in frack andava ora suadendo ai suoi complici; l'ex-frenetico sembrava istupidito dalla valeriana. Con le brache lente, con un sorriso imbelle, con la mimica del lestofante che avverta sopra di sé i due occhi implacabili del sospetto, andava implorando da tutti il più prudente contegno. Abbadava ora agli ottoni e ai contrabbassi: e con un rattrappire la spalla sinistra e con un richiamar la mano a casa e un distenderla, pareva dire: «Andiamo, via!»; poi con la destra infrenava i temuti scarti dei fagotti e le impennate de' violini, de' clarinetti e dell'oboe. Con le ginocchia faceva della ginnastica da camera.

Seppi di poi che tutto quel lavorìo era inteso a procurarci la sensazione della corrente acherontea.

Le lampade ad arco aiutarono la bisogna, poiché, sottoposte all'accurato controllo degli elettricisti, presero a fare dei friggimenti e dei gargarismi carbureggianti: volevano sputare una resca, ma non gli veniva. La grattugia fece su tutti la più favorevole impressione: «Meraviglioso, meraviglioso...» andavano dicendo i Biassonni.

È il connubio delle arti. Nove muse intrecciate fra di loro. Perché un piacere alla volta?

Qui l'occhio vede, l'orecchio sente, il muscolo freme, preso nell'émpito della mimesi terpsicorea. Oh! ma l'olfatto e il gusto e il tatto e il resto, perché assisteranno negletti al tripudio dei favoriti?

In un ulteriore stadio evolutivo del glorioso melodramma a questo vizio sarà fatto riparo. Per il tatto un bagno tepido ai piedi, con rubinetto di regolazione; a richiesta, un apparecchio cinesiterapico, giovevolissimo alla salute. Per l'olfatto, un odorino iniziale di cetrioli sott'aceto darà la stura a una successione fantasmagorica di altri odorini. Essi verranno dal basso: una batteria di potenti aspiratori li tirerà di cucina, un gioco di valvole li immetterà nella sala secondo schemi sinfonici: esaleranno poi dall'alto, a lor comodo, in virtù della nota legge fisica del tiraggio.

L'importante è che Melpomene ed Euterpe si sposino, l'importante è il connubio: anche se un po' audace. Né rimangano inoperose Clio, Erato e Talìa e le altre della portentosa «équipe»: diano opera anzi ad un *sùn* formidabile e definitivo.

Quanto allo scorticatore di Marsia, l'attività di tutte le polizie letterarie europee lo ha costretto a rendersi irreperibile.

Eppure il suo divino coltello potrebbe rendere ancora dei preziosi servigi.

Ai diavoli melensi si mescolarono ben presto delle perfide, vermiglie creature, con ali di libellule assiro-babilonesi: esse diedero espressione geometrica a un vortice di piroette, levando altissime le gambe nervose, calzate da maglie rosa stinto.

A quell'ora alcuni fra i maggiorenti de' palchi, detti dai franceschi *gagà*, dovevano sicuramente impallidire. Il ritmo del balletto era tutto un ottonario tronco: ralla lilla trilla rì – rondinella pellegrin.

I tuoni raddoppiarono di violenza: fumi sulfurei promanò la terra, mediante bòtole: e si levavano fino alle sandaline del cielo.

«Ecco Sardanapalo», mi disse Giuseppina, in preda a uno spiegabile orgasmo.

Ma questo re corrottissimo stentava a giungere: e se ne intuì la ragione. Arrivava a cavallo: disfatto dall'angoscia e dal rimorso, perseguito dalla maledizione divina, madido di un sudore diaccio; ma il cavallo procedeva piano piano, come se avesse i piedi di cioccolato, tenuto da un bel valletto alla briglia. Di quest'ultimo si avevano ottime referenze: credulone, fu però coinglutito nel vortice Sardanapalesco ed appariva angustiato non soltanto dalla dannazione eterna, ma anche dalla piega che quel cavallo avrebbe potuto prendere.

Il re, accasciato sulla sella come un fagotto, volontà spenta, levava a intervalli un'occhiata implorante verso l'uomo in frack: «Adagio con le trombe, in nome de' tuoi poveri morti!»

Com'è vero che la sventura rende umili anche i più superbi e crudeli potentati!

Ma chi tiene l'uomo in frack? Egli è valletto alla rèdina dell'alato ippogrifo.

Tutto, per altro, andò nel migliore dei modi: quel quadrupede, dovevamo capirlo prima, non era pericoloso.

Stavo pensando come il nostro spirito potrebbe evadere quel laberinto di cartone, di re mesopotamici, di scudi di latta, di proterve lussureggianti regine, di maglie stinte, di notizie tendenziose, di guerrieri antichi e valorosissimi, che accennava a distendersi nell'eternità.

Provvide a ciò un angelo, inviato dall'Onnipotente. «L'angelo, l'angelo… eccolo, eccolo…», mi fece Giuseppina.

Il messo celeste arrivava, com'è logico, dal soffitto, ma lo ravvisai subito. Era Carlo, proprio Carlo, il garzone del nostro fornitore di latte, a cui feci jer l'altro una solenne lavata di capo, perché va frescando e incidendo a graffito i muri della scala di servizio, con immagini che turbano la modestia del personale.

Il gancio al quale era appeso lo depositò al suolo fra il sollievo degli astanti. È un bel ragazzo. Come angelo è muto (mentre con Silvia parla diverse lingue): così non ci fu dato conoscere nemmeno in questa rara e favorevolissima congiuntura le inflessioni della voce celestiale, riflesso de' mondi superni.

Le ali del cherubino hanno il difetto di rimaner prese costantemente in una strana rigidezza, sia che egli fenda i diafani ed apertissimi cieli, sia che cammini le vie peccaminose ed anguste di nostra terra: mentre è notorio che tutti i più provetti volatili le dispiegano durante il volo, per raccoglierle non oltre si pòsino. Sono ali, queste di questo cherubino Carlo, fisse: se le porta con sé come una valigia, anche quando vola appeso al gancio. Non le sparnazza mai.

Il vispo agnolotto ha comunque la virtù di far ricadere il telone sugli avvenimenti del secondo episodio, cui, scoccando la mezzanotte, seguita il terzo.

Non ne ho afferrato compiutamente lo spirito informatore poiché, durante la prima parte, mi accadde ciò che non mai altra volta, al conspetto di un capolavoro del genio umano: mi appisolai!

Tentarono le bombarde orchestrali di strapparmi al sopore in cui ero incorso. Gli ottanta sono malvagi.

Non gli riuscì a riscotermi se non verso l'una, col rinnovare tali scoppi concomitanti de' loro utènsili, che sembrava ne meditassero l'esplosione, presi in un'orgia di annientamento. Bisogna far calcolo che si tratta di diverse decine di diplomati, tutti nel vigore dell'età.

Mi destai allucinato. L'ammiraglio agonizzava, disteso su un tappeto, nel folto della selva paradisiaca: era quello di quel primo battibecco con la donna obesa. Si abbandonò per l'ennesima volta a delle gravissime affermazioni sul conto di co-

29

stei, nel mentre una costernazione profonda si dipingeva nel volto di tutti gli astanti.

La sua agonia si protrasse quarantaquattro minuti, ricordo come fosse stamane, durante i quali gli venne fatto di declamare altri centodódici endecasillabi e trentatre quinarî, di cui altri ripetuti due volte, altri fugati, altri sillabati in ripresa, altri mormorati a recitativo. L'indigesto pomo di Cafìr aveva sortito evidentemente l'effetto previsto e consegnava il tragico spirito dell'ammiraglio a quella baritonale agonìa.

La sua fibra eccezionalmente robusta ci consentì tuttavia di venire a integrale conoscenza delle di lui disposizioni testamentarie, avanti che il sudario della notte avesse a distendersi sulle pupille ancor fervide del lampo di tante battaglie, e avesse a privarci di un solo emistichio.

Nessuno era preparato a una simile sciagura. La morte di tanto Uomo è una perdita irreparabile per l'umanità tutta. Un'angoscia ci prende al pensiero che domattina il commercio dei pneumatici, dei medicinali, dei latticini, dei tessuti, dei materiali da costruzione riprenderà puntualmente alle otto e mezza: alle dieci nuovamente avran quotazione i saccariferi, i minerarî, i meccanici, i metallurgici, gli immobiliari, gli elettrici, i tessili: ed Egli ora si spegne fra inenarrabili difficoltà! Dissapori coniugali, imbarazzi finanziari, complicazioni dinastiche, infedeltà di luogotenenti, trono vacillante, Giocasta e Maria Teresa alle soglie del trionfo; tormentosi dubbî della grande anima, cambiali false, ingratitudine del capo contabile!

O virtù! non sei che un vano nome!

C'è poi da aggiungere, cosa non improbabile, che l'astio di Sardanapalo gli avrà arrecato sciagura, perché corre voce che costui, specie da defunto, induca gramo.

Con la dipartita dell'anima eletta ebbero fine tutti i suoni le luci ed i suffumigi di quella notte memoranda.

I signori e gli psicopompi, un cartoncino alla mano, si accalcarono e gomitarono come plebei per riavere la pelliccia al più presto.

Il generale dei pompieri (che ha un elmo con un pennacchio speciale) ragunò i suoi otto e, arringàtili, tutti insieme si avviarono per andare a nanna; in ciò imitati da un inappuntabile drappello di carabinieri bergamaschi. Fortunatamente non si era avvertito, in tutta la meravigliosa serata, il benché minimo odore di bruciaticcio.

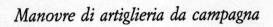

Manovre di artiglieria da campagna

Tiri di batteria: da 75 e da 100. Descrizione magnificata da due ipotiposi mitologiche e da diverse locuzioni dell'uso raro.

La macchia, finalmente, si diradò: c'erano, lì nella radura, delle gran belle ragazze: più discosto un gruppo, dove doveva esserci il generale.

Difatti, ecco: lo ravvisai.

Mi feci più presso: parlava gravemente agli ufficiali. Carletto mi seguì, felice.

Il generale, tratto tratto, sbirciava a sinistra: inosservanti le cure dell'alto ministero, sul fondo della sua retina, passavano, come dolci fantasmi, quelle vesti chiare.

Un bel sergente era proprio nel folto fragrante delle ragazze e galantemente diceva degli obbiettivi da raggiungere, del soggetto di quella manovra.

Conoscevo anche il tenente Tolla: ma quella mattina, caro Tolla, dovevi aver combinato qualche asinata:[1] perché il generale, risalito a cavallo, gli disse, proprio a lui: «...E lei, tenente, ricordi che una pariglia è fin troppo... sotto i tiri di smonto dell'avversario. E, soprattutto, non pretenda di insegnare a chi ne sa più di lei...»

Quel cavallo non stava fermo un momento: le ultime parole il generale le disse che il cavallo volgeva a Tolla la sua coda stupenda e Tolla stava sull'attenti davanti alla coda. Non appena il generale scomparve nella boschina, col codazzo de' suoi consiglieri, allora ciascuno dei rimasti si disinvolse dal cerimoniale per por mente agli obblighi.

«Adesso, che fanno?», insisteva Carletto.

Ah! ricordo che litigai con un borghese che c'era lì. Piccolo, pallido, isterico, vestito di nero, con l'«Avanti!» e l'«Umanità Nova» tra mano, con uno svolazzo nero della cravatta, col colletto pieno di fórfora, con delle scarpe gialle mica mal fradicie e scalcagnate; prima lo presi per un agente investigativo o scrivano alla sottoricevitoria delle imposte; ma era invece un temibile anarchico. Ci litigai perché, con quella parlata albanese, e dopo mille sarcasmi da antimilitarista abusato, finì per concludere che il generale aveva una faccia da minchione.

Ma vi pare?

Quel generale era stato, in altre circostanze, il mio generale. Un formidabile «organizzatore».

Certi elenchi, certe scritture, su certi fogli di carta, dovevano redigersi a puntino, come lui soltanto sapeva: (e non c'era nessuno nell'Esercito che sapesse quanto lui come dovessero venir redatti quei fogli). Alcuni imboscati pagavano caro il loro alloggio presso il Comando del Corpo, a Villa D'Ormibene. Le sfuriate napoleoniche di Sua Eccellenza, che non facevano presa alcuna sulla piattezza dei beoti attendenti, perché, se pure a bocca semiaperta, essi avevan già guardato un poco la vita per conto loro, le sfuriate che mettevano in risa gli sguatteri risciacquanti giù fra le mura ammuffate delle cantine, gli avevano procurato la fama di «Vecchio soldato».

Alcuni compiacenti e zelanti subalterni avevano addobbato questa fama con ulteriori designazioni: «Vecchio soldato, tutto d'un pezzo», «Vecchio soldato, dall'aspetto burbero, sì, ma dal cuor d'oro».

Era il cuore d'un alunno di Marte. L'alunno, a ogni scendere d'un qualche pisolino sugli occhi dell'institutore, non avea disdegnato discingere spada e lorìca; e, inseguendo fra gli oleandri ed i mirti la traccia luminosa della di lui consorte, dicevano che la Dea, lusingata, lo avesse preso a careggiare e dimolto protetto: e affidato alle ancelle.

Queste, coi loro unguenti, gli avevano impomatato i baffi.

Il fatto è che il caldo ferro arriccia-baffi era oggimai impotente a ridare l'arzillo ricciolo a quei peli risecchi ed irti che, sopra la fessura della bocca, imboschivano una cartapecora gialla. Parevano i secchi sterpi che la boscaglia serba al febbraio, che il piede del contrabbandiere frantuma, nella nebbia del primo mattino.

Si compiaceva di allocuzioni solenni e vi mescolava i gelidi lirismi circa il dovere, cavati dal regolamento di disciplina, a frasi che riteneva pregevoli e rare, dell'ultima moda giornalistica, venutegli ad orecchio nel leggere i quotidiani. E vi accozzava il ricordo di alcuni fatti storici, noti ai maestri elementari, con quello di alcuni episodî non meno storici, noti a lui solo, che ne era stato il consapevole protagonista.

E vi legava alcuni stenti di parola, da piccolo borghese in sussiego domenicale, con alcune volute magniloquenti da celebratore ufficiale di anniversari. Il tutto era tenuto in sesto da potenti e imprevedibili strafalcioni: e nel groviglio spiraloide degli anacoluti e delle consecutive sbagliate e nell'intrico delle concordanze *ad sensum* gli veniva combinato d'involgere siffattamente gli ascoltatori, che questi, fidenti in un migliore domani, lì per lì si davan per vinti, rinunciavano al significato generale, si contentavano di afferrare, passo passo, le bellezze dei dettagli. La sua perizia di manovratore di masse era stata tale che, nel diramare ai reparti dipendenti certo ordine d'operazioni, una certa sera, trascurò di demandare alla Compagnia Genio del Corpo d'Armata il brillamento d'un certo ponte, sopra una certa forra, nel cui fondo ululava un certo torrente.

Il capitano del genio era in permesso: il tenente del genio, ferito a mezzodì, viaggiava in barella verso l'etere e il cloroformio: l'aspirante, da quanto si poté constatare, era un liceale di «scarsa iniziativa». Sicché il vecchio ponte rimase in sesto.

Di tali fortunate concomitanze rapidamente si avvalse il colonnello Vanetti; radunò tre battaglioni d'assalto e, per il ponte, diede il passo a tre someggiate da sessantacinque e a diversi pacchi di ballerine. Nella buia notte latravano folgori pazze e quel buio pareva la porta dell'eternità.

Vanetti non fu più veduto tornare. Quattordici colpi, a quaranta metri dalla fiamma rossa dell'inaffiatoio. Così nessun cannone fu mollato, così ogni sasso fu duramente tenuto.

Mentre, in sul primo levare del crepuscolo, tra fioche voci e lividi volti, tirandolo dai piedi di sotto un groviglio di quelli scartafacci che è inutile che vi descriva, cercavano di adagiarlo un po' da cristiano: ecco arriva l'ordine, che il ponte deve saltare.

Ma nessuno gli diede ascolto. Bravo!... Proprio adesso che ci passa la «corvée» delle marmitte e dei sacchi!

Una delle più care certezze del mio generale era quella di essere un «vero padre» per i suoi soldati. I suoi soldati lo adoravano, lo volevan sempre fra loro.

Quando l'alba arrivò e arrivò, come Dio sa, quel rancio (della sera avanti), i soldati sentii che proruppero una volta di più nello sfogo della loro tenerezza filiale.

Il rancio aveva percorso quattro ore di sassonia a dorso di mulo. Vanetti e tanti altri avevano finito di arrabattarsi. I previdenti cucinieri avevano tenuto il riso «un po' indietro», perché, dopo, doveva viaggiare: e così avrebbe finito di cuocere in viaggio e sarebbe arrivato una minestra da leccarsi i baffi. Difatti, mentre i conducenti cercavano di tener quatti i muli nella sinistra penombra, cui lampi improvvisi avrebbero potuto ravvivare, si scodellava una emulsione amidacea, con lastre di manzo sardanapalesco. E fu allora proprio che l'«adorazione per il loro generale» e per tutti i superiori, me compreso, l'Onnipotente compreso, sgorgò da quei trivialoni mentre, ventitreenni, con canini diciassettenni, accudivano a dilacerare, a sbranare quel manzo.

Tutti i cannoni erano salvi. Quale non fu la gioia del generale quando seppe che ad altri cannoni, di altri corpi d'armata, era toccata sorte diversa. Ciò significava con evidenza, anche a chi fosse del tutto digiuno di cose militari, che i capi di quei corpi non erano capi della sua fatta.

Vi sono certi, per cui la notizia di un cannone perduto, dovunque e da qualunque corpo venga perduto, è una goccia che la Morte versa nel cuore. E se i cannoni son cento? Cento gocce avvelenano un debole cuore.

Il mio generale non disperò mai: «Ci sono tanti imboscati!» diceva. Dopo di ciò era soddisfatto, perché aveva la certezza di aver proferito una gran verità.

Nelle riviste, l'ho guardato, fa una discreta figura. Ma il grosso bajo su cui siede per solito, si dimena troppo, con irrequieti cosciotti. Si mette sghembo, semina polpette quando meno bisogna, turba le complesse simmetrie della parata. Non si può castigarlo, perché farebbe peggio: è un libertario.

Così, sulla greca ci sono due righe. Sono le righe, sopra la greca, quelle a cui bisogna badare per capire, uno, che generale è.

Dal profondo del fervido cuore, noi leviamo all'amato e graziosissimo nostro Sovrano un voto, augurale di prosperità. Che una pace feconda di nobili opere segua agli atti inimitabili degli eroi e dei martiri: se pure ombra, questa sia degna della fiamma che l'ha preceduta. Marte, splendendo di una terribile luce rossa, e ciò in concomitanza di vapori assai densi e di emanazioni sulfuree promosse dal vertice nero di Encelado, cessi dal proporci sinistri presagi. Ora si determinino propositi sereni e avvengano atti consolatori.

Questo voto è tanto più fervido, in quanto attendiamo che nel frattempo il generale Bartolotti raggiunga quei limiti di età e acquisti quel portamento così venerando, al di là dei quali nessun richiamo in servizio sia pensabile nei suoi riguardi, neppure al più meccanistico ordegno dell'apparato di mobilitazione.

Al «Sorgi e cammina», che rivolgiamo fidenti ad ogni giovane anima, è correlato un «arrivederci e grazie», con cui siamo impazienti di dar la buona notte a questo pezzo di vecchio soldato.

Il telefonista ripete i numeri della direzione, del sito e dell'alzo, che il tenente ripete, che il puntatore verifica. Il capopezzo ricanta il suo ritornello: «parte il colpo». E il terzo pezzo ha un soprassalto, con una fiammata e uno schianto metallico. Il sibilo del proietto da cento si smarrisce tosto nell'aria, come d'uno che fugga e faccia perder sua traccia.

Il cielo nuvolato e le rotondezze verdi di questa collina nascondono clivi invisibili, gli altri monti.

Ma, da ignote plaghe, ecco un tonfo cupo e quadrato, come d'un cassetto che con violenza si chiuda, negli archivî lontani e misteriosi del monte.

L'osservatorio protocolla la pratica e dopo le correzioni il telefono di batteria trasmette numeri perfetti.

Le laceranti granate certo sovvertono un prativo lontano. Ecco gli emunti, i sudati, che avanzano: ansimano, gocciano, logori dalla fatica. Anche il fucile e cinque limoni sono un peso. Dalle occhiaie profonde e cave le pupille guardano il termine della salita. La breve lusinga dileguasi, e tutti i sorrisi. Certo è il dovere, imminente l'oscurità.

I cassettoni del monte si chiudono, rabbiose porte. A poco volo sono nuvolette rosse, come nei quadri dei martiri. A poco volo sono nuvolette bianche, laceranti scoppî e sibili di cose nemiche.

Oh! primavera! La tempesta di alcune batterie da cento è un tenue preludio.

Un più orrido sibilo si tramuta repentinamente in una folgore cagna. Spring-granata, saltimbanco del rosso demonio!

Spaventosi ululati apparvero dal remoto. Orribili esplosioni avvennero nella valle e nel monte. Altre, celeri e fitte, a mezz'aria, nere, bianche, implacabili. La terra succhia i granelli degli shrapnels e dai crateri dei trecentocinque prorompono mostruosi proietti: cinerei trapassano l'ombre d'altre esplosioni, chiari la luce, tetraedri e romboedri di dolomia, cubi dal bianco calcare.

Le colonne rifornitrici si rompono, come tendini recisi dal

coltello: i muli si spargono, le casse si sventrano, mani dispe-
rate si levano a difendere gli occhi e la fronte.

La severità e l'ira terribile di un io non più nostro determina ora ogni attimo della conoscenza: la continuità legatrice
delle rappresentazioni sembra smarrirsi: non esiste il volere,
sola vigendo una necessità ignorata.

Che cosa portate, portantini esausti, invidiando alla forma
distesa la sua pesante immobilità?

Perché siete lividi come la morte, le mani con le nocche
abràse che fanno sangue, con vesti lacere, col colletto slacciato?

Il regolamento di disciplina vieta questa trasandatezza.

Quali gocce cadono lungo il sentiero?

I muli marci puzzano maledettamente.

Ecco: a tutto il monte invisibili marre sovvertono la groppa
inferace, fra tuoni furibondi è deposto il seme dei cumuli
bianchi, o neri. Sotto la grandine dei sassi e delle schegge di
ferro, ogni uomo è in ascolto della propria destinazione. Sotto
il funebre sole aleggiano calabroni ignorati e chiedono a sug-
gere compatti lacerti, delicate meningi.

Molti ragazzi non si sa bene che cosa facciano. Che diavolo
fanno? Poiché una nebbia nasconde ogni cosa. Reclinato, chi
suda un filo di rosso sudore, altri sono come infarinati mugnai. Farina è sui nostri calzoni, sul viso e sulle mani aride:
due màdidi guardiafili, con incespichi e salti, sorpassano l'intrico delle cose divelte e schiantate per verificare se il nero,
esile nervo della battaglia comanda ancora la massa delle pigre
possibilità:

«Dàmmi una macedonia, va là...»

«Ma dov'è questo camminamento della malora?»

«Doveva stare qui sotto... è questo...»

«No, che non è questo... non ti ricordi che quello era pieno
di m...?»

«Ah! a quest'ora... anche quella...»

Schianti irriproducibili li fanno chinare: rapidi accoccola-

41

menti, riprese di salti. Seguono il filo, nel dèdalo e nella fumàna si perdono.

Una nebbia nasconde i compagni e il tossico dei preparati trinitrici cerchia di arsura la gola. Qualche mostro mal morto rivela l'anima vigliacca, che ebbe: un cilindro, pare del parmigiano, di gialla e granulosa cheddite.

Ma, fra i cubi della roccia divelta, atroci brandelli, maschere tumefatte, costringono i nostri occhi in una fissità perversa ed orrenda. Oh, madri!

Sogni delle notti più tetre, questo sole vi supera: è il nucleo dell'impensabile, il sostegno irreale della impossibilità.

Infarinati e laceri, portate i pacchi, aprite, fate passare: ma badate, dolina Como è qui presso: la cercano, la cercano! Salvadanaio maledetto, gonfio di ottocento bombarde. Il camminamento del Cavallo Morto è ostruito. Saltiamo. Avanti.

Nella cava sua tana, il curvo chirurgo non ha più pace. Ad ogni tonfo di fuori, la candela si spegne per un soffio feroce, fra imprecazioni abominevoli. Una implorazione straziante ed inutile esala dalla bocca contratta degli abbandonati. Il loro viso si soffonde già del cianore, che prelude alla notte.

Nella tana buia l'etere e il sangue non turbano il bianco chirurgo. Non sei ancora impazzito, caparbio macellaio?

Così è che il monte, al confine della terra, si beve il suo farmaco tepido, si beve il suo farmaco rosso. Così è, come già fu, che nostra terra ci porta.

Come già fu, come in eterno sarà.

Batteria in manovra

Carletto volle vedere anche una batteria da settantacinque e mi offerse un pezzo di cioccolato: «Così, anche se tardiamo un po', la zia non mi sgrida». Gira e rigira per quel bosco, finalmente potemmo scorgere il lontano bersaglio. Una scoscenditura della parete rocciosa, un canalone, figurava l'appostamento nemico. Era una stretta fessura, dove freschi licheni e ciuffi di capelvenere dovevano abbellire la villeggiatura delle salamandre.

Il primo pezzo iniziò l'aggiustamento con granate a percussione, la cui lieve traccia cinerea fumò via dalla roccia, come se uno scarpello la percotesse. Il cristallo dei prismi e delle lenti definisce ed approssima il campo: però fa un velo, che non lascia ben percepire quel lieve esalare di polvere, ad ogni scarpellata del settantacinque.

Meglio scorge l'occhio da solo.

Qualche granata batté sotto, nel conoide gretoso della deiezione, e allora un cumulo bianco fumò; qualcuna sopra, nel terriccio del prato: allora un cumulo nerastro e pieno.

Il comandante trasmetteva le correzioni al telefono, ma il telefonista crapotti capiva male. Allora prese con rabbia il megàfono, un cono di latta con un boccale, e trombonò numeri a tutta la montagna.

Poi il secondo pezzo fece la sua prova, poi il terzo, poi il quarto: identici i dati della direzione, del sito e dell'alzo, ma ciascun pezzo la sua divergenza.

Quando venne dato il comando: «fuoco celere», allora da mano a mano passò il biscotto e avvennero balzi selvaggi. I quattro pezzi alternavano ritmicamente gli schianti dei freni e il rosso urlo di là dallo scudo, mentre i castani giovinetti piegavano, fronde in quella tempesta. Con ritmo eguale del dorso, ad ogni colpo il puntatore riosserva le bolle, verifica la punteria. La groppa della collina era fustigata da folgori pazze e da sibilanti minacce e tutte le fronde ritmicamente si riavevano e si ripiegavano, con un forsennato sgomento.

Il soprassalto dell'affusto e gli scatti del ricupero pronto, la diligenza dei serventi e le furibonde sfiammate si alternavano ai quattro pezzi come il giuoco degli steli di comando sull'albero a camme di una motrice. Pareva che un asse invisibile legasse i quattro pezzi selvaggi in una successione matematica di fasi. Ed era un comando.

Sul lontano monte apparvero fatue nuvolette, che ne fiorivano lo spalto, quasi un mazzo di biòccoli bianchi il porfido grigio dell'altare. L'ombra segreta della roccia fu contaminata da sgangherate risate. Il monte rimandò cupi tuoni, che rotolavano fuori l'uno dall'altro, come se si applicassero nel figurare una successione causale.

Immobili monti! così nei vostri spalti risuonano i segni della vita deformantesi: cavalli, vampe, uomini sudati, anima e rabbia nella vostra sterilità. Le riviere sono raccolte come una ricchezza trionfale. Le scarpellate del settantacinque sbozzano le tempie dei fantasmi rupestri e rintronano di rovinosi ululati le metropoli ipogaie dei pipistrelli. Gli uffici statistica di questi mammiferi registrano numerosissimi casi di cardiopalma.

Nelle valli lontane vengono deposte accuratamente tutte le pratiche delle batterie. Le carte di tiro recano gli òvuli rossi, intersezioni del conoide lungispruzzante con la falda della pianura, o del monte.

Sulle montagne verdi appaiono chiazze gretose. Gli angoli diedri dei colmi, i piani dei pioventi, uno luce, uno ombra, sono come le groppe angoloidi di magre, di povere bestie. E, nel vello dei cespugli, le chiazze biancastre figurano dapprima come una rogna; una rogna che mangia e mangia la verde pelle del monte.

I grandi e nobili cavalli, sul sinistro pesantemente il forte artigliere, avanzarono fra gli arbusti e le rocce affioranti, col collo robusto dicendo: Sì, sì. Sollevavano potentemente le zampe barbute allo zoccolo e le lasciavano ricadere con uno scatto sicuro, fra uno sterpo, una lama di roccia, un tronco divelto, dove difficilmente noi uomini avremmo eletto con tanta rapidità. E l'artigliere quasi portava, nel mentre era portato: sollevava ritmicamente le braccia, molleggiando le redini, guidando i due musoni generosi tra la sferza dei rami selvatichi e poi i due grossi, caldi, neri corpi. Le tirelle le attaccano al cassoncello vuoto dell'avantreno, che han già chiuso e rilevato: il timone, che turco!, è preso con fibbie. Le cosce calde erano vestite di tutte le loro bretelle e il petto nodoso delle fasce di cuoio grasso, sudato. Tutto finiva nelle corde dall'occhiello cuoiato, tese a tiro dal leggero avantreno.

L'artigliere li fece rinculare un poco e i cavalli obbedirono, nel mentre continuavano a dire: Sì, sì. Poiché il culo di uno non andava al suo posto, prese una stangata dal capopezzo: non disse nulla, andò a posto.

Agganciarono l'avantreno al pezzo e la molla di fermo si richiuse sul gancio. Così il cannone violento era legato, doveva obbedire alla forza de' cavalli, prendere la strada che volevano gli uomini.

Allora fu dato il comando di passo: ogni pezzo, cercarono di prender cammino.

Ma la strada fra i castani selvatici e le schegge di roccia era malamente. Poi, qualche giovane tronco era stato spezzato, la traversava, era un incespico di fronde e di rami.

Il caldo faceva sudare tutti e il comando fu dato.

E il terzo pezzo, anche, cominciarono a tirare.

«Uh! forza!», grida il sergente.

La folle, selvatica strada disegnò i muscoli dei potenti cavalli; gli artiglieri fecero forza alle ruote. Sulle groppe piatte e piene andarono tempestose legnate. «Tira Gorgo! Tira broccone!»

La strada era molto carogna.

Uno scheggione la traversava placidamente, facendo un bel gradino di dodici centimetri alla ruota di destra.

«Tira, Gorgo!»: e legnate; e la bestia si avventava disperatamente nella prigione delle sue tirelle e la seguiva il compagno e l'artigliere col manico della corta sua frusta le dava di piatto. E legnate: le bestie si avventavano; e legnate. «Tira brocco, uh! forza! uh! tira, porcone».

Il pezzo non si muoveva. Non è possibile alle ruote di vali-

...utangoli: occorre chiamarle con inviti e blandi-
...ati sbadigliavano dal sonno sotto il torrido mez-
...evano forza, ma non volevano pensare, perché
... e e risolvere costa più che fare una fatica da
manzi.

Intanto, per ordine del generale, le altre pariglie erano state mandate avanti. Solo Gorgo e Tubone dovevano tirare: questo era il loro dovere. Né vi si rifiutavano: anzi, erano solerti nella volontà di adempimento. Ma gli uomini sembrava loro che fossero un po' ottusi, un po' stanchi: forse era il gran sole. Gorgo allora, anche per consiglio del compagno, decise di ridestarli e di ammonirli, richiamandoli a una doverosa coerenza fra lo immaginare e l'agire, fra i facili comandi dell'anima e l'indugio pesante della realtà.

Frattanto, dalle bocche degli artiglieri, presero a dipartirsi altri e più tempestosi richiami, indirizzati a varie personalità delle gerarchie celesti, non escluso l'Onnipotente; a quest'Ultimo vennero successivamente attribuiti i nomi di diversi mammiferi da allevamento. Per un caso singolarissimo, tali mammiferi erano scelti, quasi esclusivamente, fra i suini. Siffatti avvenimenti accadevano in dialetto bergamasco e bolognese e in lingua toscana.

A una legnata dunque più ladra, Gorgo si rivolse di scatto, con uno sguardo da far piangere: «Ragiona!», disse con il suo sguardo all'uomo che lo legnava e aveva la giacca slacciata, i calzoni un po' lenti. Ed era un soldato! sosteneva il compito giovenile della sua forte milizia. La cravatta bianca e madida gli usciva dal colletto slacciato, come una benda, e svolazzava per suo conto; aveva tra mano un suo palo, la bocca aperta come un fanciullo; un ciuffo di capelli madidi gli cadeva sulla tempia.

Il cannone, sardonico mostro, era lì un po' inclinato e guardava tranquillamente in giù quel pendìo, come se tutto il trambusto fosse affar d'altri. Ad ogni sussulto, il cannone rimaneva fermo e l'avantreno cadeva di là. Così che il convoglio, con le quattro ruote e lo snodo del gancio, pareva un coccodrillo zoppo, malamente adagiato sopra contropendenze e affaticato da una digestione laboriosa.

Il tenente Tolla vide il gradino, come l'avevano veduto i ragazzi. Solché, avendo maturato nel cammino degli anni il suo primo e puerile sogno d'azione, prese al morso Tubone e Gorgo e, rinculando lui, deviò il loro passo per modo che quella scheggia cattiva fu presa di costa. E colmò dei meritati rimproveri e di molti improperî quei ragazzi balordi, appesantiti dal sonno, dal caldo, dal frastuono scombussolato dei carri, dalla polvere, dalle scarpe, dai comandi, dalla fatica, dal sudore; e dalle lor proprie bestemmie e mannagge concomitanti e reciproche apostrofi e maledizioni.

Aggrappato alle briglie, Tolla inveiva ancora contro di loro, volgendosi a tratti e incespicando negli sterpi: ma i forti colli di Tubone e di Gorgo e la loro calda riconoscenza lo sostenevano. E quegli altri, con bocca aperta, spinsero le ruote: e, tirato per la coda, il coccodrillo si mosse. Allora Tubone e Gorgo con forti zampate schiacciarono tutti gli sterpi vani, dicendo: Sì, sì: e mentre il forte artigliere molleggiava le redini grasse, il terzo pezzo s'ingolfò lui pure nella boscaglia selvatica.

Ogni nome terreno, o celeste, fu lasciato di proferire.

Il terzo pezzo discese, frenato e rattenuto da corde, se no rotolava addosso ai cavalli: proprio come una miseranda carogna.

Aveva soffiato tanto! E così bravamente!

Adesso, mentre i cavalli, a tirarlo, ci pensavano loro e con grumi di fatica dentro la testa gli uomini non pensavano più nulla, anche lui decise di lasciarsi tirare, che gli veniva un bel pisolino.

Carletto, felice, dalla gioia del settantacinque aveva demolito l'intera provvista. Come fa piacere a vedere i ragazzi che trangugiano certi bocconi da farsi schioppare la gola! Il gnocco lo si vede andar giù per il collo, come allo struzzo, quando deglutisce la sua merenda di barbabiètole.

Quel pane diventa sangue: sangue rosso, giocondo. Nel quale vengono deposti e custoditi i germini di ogni speranza: e di quei così nobili atti, che il profondo futuro cela alla nostra nozione, ma non al nostro presagio.

Per Carletto, intanto, datemi delle pagnotte, ma una via l'altra.

Un rotolamento ferrato e lontano indicava che, su buona strada, con treno di tutti i cavalli, le batterie erano al trotto.

NOTE

1 In italiano «asineria».

Studi imperfetti

1. L'ortolano di Rapallo

L'indescrivibile erbivendolo fece una pausa dal gridare e mi guardò con occhi assonnati: si era levato presto, come al solito.

Potei considerarlo.

Una sigaretta spenta gli pendeva ora dalle labbra, aveva la paglietta sul cocuzzolo, in quella posizione che diciamo «bovisa», che mi piace tanto: sulla fronte stretta un ciuffo di forti e folti capelli. Al collo un fazzoletto annodato, braccia di bronzo nudo, maglia rosa stinto: sotto si lineava il torace scultoreo.

Seduto al suo banco, dinoccolato, mi guardava dal sotto in su come si guarda un essere inutile e privo di interesse: io non era capace di comperare zucchette.

Naso marcato, adusta la faccia, salute inaffiata. Il cipiglio si rifece duro.

Riprese inopinatamente ad urlare: che le sue zucchette non erano roba da tutti, che soltanto gli intenditori potevano giudicarle: che dei dilettanti non si curava. Aggiunse frasi di sprezzante commiserazione per gli increduli eventuali.

Questi suoi giudizi, urlati in dialetto ligure a dittonghi più contratti di un futuro dorico, erano contenuti da un'orditura sintattica potente e geniale. Capii che molti oratori e celebranti ufficiali sono, al paragone, dei poveri stentatelli.

ii. *Preghiera*

Ho pensato molte volte di voi, poveri morti, sebbene dovessi accudire al lavoro di ufficio e mi sentissi, anche, poco bene.

Siccome si richiede diligenza in ogni adempimento, così finii con seguitare gli atti del lavoro: e a voi non ho più dedicato quel così intenso dolore, che mi pareva la ragione e il senso della mia vita.

Radunando ogni pensiero più puro, avrei voluto poter comporre una preghiera che, rivolta a Chi tutto determina, vi ottenesse una infinita consolazione. Ma, come voi vivete nella luce ed io mi dissolvo nell'ombra, così capisco bene che è certo impossibile che possa la mia miseria comunque sovvenire alla vostra fulgidità. E poi, forse la mia voce non suona, non può essere udita.

Che devo fare? Quando cammino, mi pare che non dovrei. Quando parlo, mi pare che bestemmio; quando nel mezzogiorno ogni pianta si beve la calda luce, sento che colpe e vergogne sono con me.

Perdonatemi!

Io ho cercato di imitarvi e di seguitarvi: ma sono stato respinto. Certo è che commisi dei gravissimi errori, e così non fu conceduto che potessi inscrivermi nella vostra Legione.

Così mi sono smarrito. Ma penso di voi, compagni morti.

Vi sono monti lontani, terribili: ed ecco le nuvole sorgono, come sogni, o come pensieri, dai monti e dalle foreste.

III. *Certezza*

Una grossa formica, che vada sempre e sempre, ed entri nel suo magazzino e ne esca, con un pensiero sempre al lavoro e con un tremendo bruscolo stretto fra i due filuzzi delle branche nervose: il mio contadino indafarato si moveva dal podere alla casa.

Traeva una fascina e l'ammontonava e poi riusciva con una secchia e la vuotava e poi èccolo con un arnese di nuovo al campo e poi ritorna con una cavagna e la posa. Poi deve battere, poi deve intrecciare.

Poi deve cogliere, poi deve adacquare; poi legare, poi spargere, poi ammucchiare. Poi rivoltare, poi attingere, poi impastonare: poi, con quel pastone, recare anche becchime; poi mungere, poi chiudere, poi trasportare.

E porta e trasporta, la giornata gli si consuma.

I suoni del giorno hanno fatto la loro apparizione e hanno ripetuto com'è la commedia.

Neppur li ha sentiti.

Le voci del giorno hanno cantato una passione. Non n'è più nulla.

È solo, sudato.

Solo il suono dell'ora è rituale nel suo celebrare. Viene dalla vecchia torre, come un vecchio ed eterno pensiero.

Quando l'ombra sfiora le grigie torri, è perché la notte si china sui casolari. Allora non ci si vede più, nel mucchio del da fare: allora bisogna intermettere.

IV. *Treno celere nell'Italia centrale*

Alle case cantoniere, bimbe: con un ciuffo e un nastro, due lucidi occhi, mutande disimmetriche: sono più lunghe della sottanella, perché la mamma prevede un rapido sviluppo, pane e fagioli. Oggi, che sono così lunghe, domani già corte.

Sul fiume il ponte, dal fiume il canale. Il verde canale sembra arrestarsi per un misterioso comando a una gran vasca ben fatta.

Pulsando infaticate le bielle, (visibili in curva), il locomotore imbocca il viadotto, sorvola la solitaria centrale. Nell'ombra della valle profonda tutti la ignorano, gli acuti diplomatici, le dame. Nell'ombra di queste macchie vivono soltanto due occhi, torvi topazî: è la lupa, venuta dalla notte, per allattare cùccioli umani; ma i caparbî alternatori portano perennemente la loro soma invisibile, le Francis strascinano i *rotors* nel perenne freno del campo.

Solitarî giganti, con aperte braccia, valicano la giogaia squallida: reggono monili strani e orditi di fili.

Vi sono lontane cartiere, cotonifici ed altri impianti manifatturieri. Ma questi non si vedono ed è inutile descriverli.

v. L'antica basilica

Il cav. Lo Jodice, il brigadiere scelto Di Matteo e due agenti della squadra investigativa gli davano da cinque giorni una caccia implacabile.

Da un bar all'altro, da un quartiere all'altro, da questo mondo ad un altro! Ma la rivoltella, che aveva rubata in America ad un compagno ubriaco, se l'era venduta: e la cena deglutita due dì prima era stata l'ultima.

Si lasciò andare, esausto, su quella panca di pietra: vecchie stampe: stringhe, scatole di zolfanelli: e il negoziante non c'era. Lungo lo zoccolo del muro un odore di orina vecchia, dolcezza d'ogni cane.

Lo strazio delle cose remote e perse lo prese: ricordò sua madre.

Davanti, la piazza, il pronao, la chiesa. L'antica basilica affondava i suoi pilastri nella coltre alluvionale che il sabbiatore Ticino e i garzoni accudirono a dirimere da cave Pennine. Tra nubi terribili gli spalti del Monterosa.

Affondava i pilastri nella coltre buona, sotto cui posano gli ossami delle generazioni passate sopra la terra: passate dalla polvere calda del mattino, dai tumulti di Desio e di Parabiago, al buio della terra.

E la torre quadrata è senza bellezza e attende gelide nebbie. Già gli alberi han freddo, le campane propongono malinconiche meditazioni.

La bellezza! I capitelli corinzî e compositi, i timpani, le panoplie, i bucrani, i chiari, i fulgidi marmi!

Perché non si ammirano così pregevoli ornamenti in terra lombarda? L'arco di mattone è rude sul pilastro quadrato. Segno gentilizio è la croce, che accampava i ribelli contro la maestà dell'Impero, o la vipera, che si sgroviglia dal cuore degli umani.

Vi sono città d'altre terre, dove le chiese in legno sono coperte da lastre di zinco ondulato, come i magazzini dei porti: e tra i *docks* tettati di zinco si snodano i neri, celeri treni.

Nel pesante bagagliaio essi recano cataste di parallelepipedi, con borchie solide. Dal passaggio centrale della vettura da pranzo, curvandosi sui tavolini, il candido primo cameriere serve impeccabilmente i commensali irrigiditi, mentre agli aghi degli scambi tutto sussulta e traballa. Virtuoso equilibrista! Le aggrovigliate matasse degli spaghetti vengono deposte accuratamente sul piatto di ognuno: segue il secondo, col pomodoro.

Poi i treni si arrestano sotto le volte basilicali cui sperimentati ingegneri hanno calcolato, applicando i teoremi di Castigliano e di Maxwell. Negli atrî vasti della stazione riversano la folla di tutti: le stupende signore, i solidi uomini dell'industria e del traffico: e viaggiatori in generale.

Ricordò ancora sua madre.

VI. *La morte di Puk*

Quel suo occhio diceva: «Kant ha ragione». Diedri e prismi, luci ed ombre e colori vanivano: le cosiddette mosche avevano lasciato ogni paura.

Eppure con che rabbia, con che prontezza le sapea prendere al volo! Poi starnutava.

Adesso moriva: ossia capiva che la rabbia, i prismi, i rumori sospetti e la luce stessa e tutto non erano se non un catalogo vano.

Egli aveva servito con fedeltà; quale causa? Che domande!... Con quale premio?... Che c'entra, che c'entra!

C'era anche la favola del cane ben pasciuto, che s'imbatte nella nobile e sarcastica predica del cane magro.

Ma era una stupidaggine.

Egli aveva dato il coraggio, l'allegrezza, la devozione, la vita: ciò, non era sua colpa, gli metteva addosso un tremendo appetito. Dagli uomini, che comandano, quel suo fervido sentire era stato ripagato a tocchi di pane: abboccandoli a volo, si levava il male. Per conto suo, poi, s'era aiutato trafugando polpette.

Nel cacciarsi ferocemente dentro la macchia, non aveva mai pensato che esistono scrittori di favole.

Puk (era tanto stanco!) poté ancora riepilogare: una volontà buona lo aveva sempre animato!

Adesso moriva: ossia tutto perdeva, per lui, il significato di quando era nato e cresciuto.

Altri si sarebbero occupati delle diverse faccende, che erano in corso, interpretando le cose secondo schemi convenzionali.

VII. *Sogno ligure*

Entrando nella chiesa, c'era un odor chiuso, fresco, un po' muffo, di vecchie grosse mura nobili genovesi: e volte, con stucchi solenni e freddi, dove il barocco ha stentatamente curvato l'aulico e rigido cinquecento. Non è facile piegare chi è duro.

Dentro quegli stucchi lo Strozzi, il Magnasco e il potente Ferrari avrebbero potuto essere con dignità corniciati.

C'era quel fresco odore di chiuso nobilesco, seicentesco, grosse mura, inarrivabili finestre: di là dalle quali l'animo avrebbe potuto bere del cobalto, indaco, spezie, lontani mari.

Li corrono moreschi pirati e nel fulgore accecante vi è guardia delle torri pisane.

Nessuno è visto: da dietro le feritoie scrutano se nel denso e misterioso meriggio, come si aduna un turbine, si palesi lo stormo delle fuste da preda.

Scrigni con gemme e ricchissimi drappi: nei visi turpi de' barbareschi è l'avorio dei denti, che la ferocia discopre. Baleno dei lucenti pugnali.

Ma i provvedimenti dei sagaci ammiragli faranno libero il mare. Occorre che alle loro deliberazioni si addivenga in sede di consiglio e si dia registro ad ognuna: sorgano salde le mura, ché l'impeto dei fortunali raggiunge il verde Polcévera. Se ne commetta l'incarico all'Alessio, si consulti il vecchio Filarete, siano mandati a chiamare quegli altri, già, lo Strozzi, il Magnasco, il potente Ferrari.

Il mare di lapislazuli, squamato d'oro, urlava profondo con-

58

tro i sugheri enormi ch'egli va bugnando dalla scogliera. Gli ulivi ed i pini facevano rade o fresche ombre sul clivo ripido, poi precìpite. E, nelle altissime fronde, il vento issava dolcezze, memorie, speranze: fragore giocondo!

Sulla terrazza che circonda il faro, una formosissima donna sculacciava tremendamente un suo pargolo, forse il sesto; che invece di piangere, rideva e frignava e poi strillava, dimenando all'indietro le gambe grasse, forti, come nuotasse.

C'era il sentiero degli inglesi, con parapetto, alcuni dei quali furono anche poeti e vollero che i sogni loro avessero da questo mare ogni luce.

Però accade più spesso che essi si dedichino al traffico.

Prospero, Duca legittimo di Milano, incantatore delle tempeste, questo mare circonda l'isola luminosa ove sorride la tua dolce figlia.

Sul mare nessuna nave in quell'ora, nemmeno inglese.

VIII. *Diario di bordo*

Oceano Atlantico.
Venerdì, 8 dicembre 1922. Ore 10.30'.
A bordo del «Principessa Mafalda».

Quando la barca su cui era salita Clara, accompagnata da Piero, non poté più seguitarci e si smarrì nel porto, lasciai la tolda di poppa, riposi il mio fazzoletto verde a disegni e mi avviai lentamente alla mia classe. L'una pomeridiana era passata: 30 novembre 1922, giovedì. Servivano già la colazione nel salone da pranzo. Chiesi al *maître* dove potessi sedermi. M'indicò una tavola, dov'erano due, presso la vetrata di destra. Mi sedetti al mio posto, volgendo le spalle alla prora. E mentre i servi andavano e venivano con passi silenziosi sul tappeto e qualche posata tinniva, studiai sul cartoncino il *menu*. Quel primo senso di oppressione e di nausea che m'avea colto al veder la mia cella, sul primo entrarvi, quando mi sedetti, fra Clara e Luigi che rimanevano in piedi, è ora passato. Le vetrate, gli argenti, il tappeto, i servi inguantati e l'aspetto della bionda, sorridente Riviera (che mi ricorda la gita fatta lo scorso anno, da Genova a Rapallo, sul «Bon voyage») tolgono a questi momenti i pensieri dolorosi, le recenti angosce del distacco dalla mamma, da Clara.

Tutto mi dice: mangia, sta' bene! Intanto un quarto commensale è venuto a sedersi alla nostra tavola: è giovane, calvo, bassotto: e mangia tacendo.

Invece una conversazione vivace è tra i due altri: un vecchietto spagnolo, elegante ed arzillo, che si fermerà a Barcel-

60

lona, e un signore che non capisco se sia argentino o italiano, tutto raso.

Il signore spagnolo, secco e netto, sorridente e rubicondo, con candidissima biancheria, parla del più e del meno con vivacità: e vanta, ad un certo punto, la saggia neutralità spagnola, confrontandola con l'intervento italiano, semenza d'inenarrabili mali, fra cui il deprecato svalutamento della lira.

Il signore raso approva, se pure senza entusiasmo.

Poi il signore spagnolo parla dei suoi viaggi, degli amici che lo attendono; e scioglie un inno a San Remo, incantato sorriso della Italia, e ricorda poi ancora viaggi, amici, e tante cose. Lo trovo intelligente e simpatico, e che sa godere bene la sua vita: e invidio anche i suoi soldi sottintesi, che gli hanno permesso di essere più intelligente di me.

I servi portano le ultime cose, le frutta, silenti, rapidi, assorti nei loro problemi di posateria e di smistamento. Di là dalle vetrate è la Liguria piena di sole. Guardo, stanco, il cartoncino dalla sigla in oro rilevato N.G.I., dal titolo rosso *P.fo Principessa Mafalda*; i nomi dei piatti sono in italiano, compreso il consumato. Quel fregio d'oro m'ha distratto, m'ha distratto l'arazzo che sta nel grande quadrato della parete: sta bene, c'è del gusto. Come l'arazzo è rettangolare, le due aree laterali che non riesce a tenere sono di damasco verde, a fiorami. I due verdi da lato, le figure cavalleresche nel mezzo, la bella cornice di legno, i fiori di cui le tavole sono soffuse, le lampade da tavolino, il soffice tappeto verdeazzurro, e i cristalli e gli argenti sono ciò che viene con me per il signorile Mediterraneo. Rimangono le rocce e i giardini, ed i fari.

Rimangono i dipinti, i palazzi, le drogherie. Poi anche i monti, quelli che vedo ancora e quelli che già sono dispariti

. . . .

Cinema

Bisognava concludere. Manifestai alla contessina Delrio ciò che sentivo di non poterle dissimulare più a lungo. Si rassegnasse all'idea: le diagonali del parallelogrammo si secano nel loro punto mediano. E non è tutto: esse ne dividono l'area in quattro triangoli equivalenti.

Con il devoto rispetto che può germogliare da un animo profondamente cavalleresco, mi permisi di instare una quinta volta presso di lei, affinché si benignasse di accogliere queste due tesi, per suo graziosissimo *placet*, riconoscendone la validità. Riscuoter esse il plauso plebiscitario delle moltitudini, il favore de' più meticolosi accademici in tutti i paesi adorni di sistema metrico decimale ed in altri ancora.

La contessina capì che onorandomi d'un suo rapido assentimento, c'era modo ch'io prendessi commiato. Quello sbadiglio che da una novantina di secondi lasciava girar bighellone per i fasci mandibolari, senza curarsi di addomesticarlo, si diede perciò a conchiuderlo precipitosamente.

Prese una busta, messa per segnalibro nel trattato di geometria ad uso del ginnasio superiore, e me la porse dicendo: «Mammà dice se domenica ven-tura... può anzi venir sabato; perché domenica viene papà. E andiamo alla Ca' merlata».

Il tono della faccenda era un poco nel naso.

Al discendere la scalèa comitale, che un'ora prima avevo salita, vidi che i lampi e coboldi avevano deciso di fregarmi del tutto. Sfarfallando pazzescamente dalle vetrate, quegli altri arrampicandosi ingegnosamente ai seggioloni monumentali

65

dei conti Delrio, avevano inframmesso nel mio penoso assortimento di parallelogrammi i barbagli dello strabismo, le beffe degli zecchini stentati. Ma c'era almeno la speranza d'un rovescio d'acqua.

E tutti insieme, inspirati dall'Esecrando, avevano acceso le brame dei roventi omenoni, dei pulverulenti vescovi che sogliono trascorrere l'estate sui più pregevoli piedistalli barocchi della città. La vecchia pietra, odorosa di orina vecchia, aveva rabbrividito nel presagio della tempesta.

Ma ecco cipperimerli li lasciavano con quella voglia e dileguavano sghignazzando verso grecale. I venti ed i lampi per dove il cielo è più aperto e rotolandosi con lazzi loro lungo le guide ferrate e starnutendo i coboldi, genïetti suscitatori del malessere umano, il di cui seme, raspando, lo cavano dalla stanca terra.

Recai quella busta ad una nostra conoscente. Mi chiamava «signorino Maletti» e la sua persona, al tacito dileguare degli anni, si era dolorosamente impoverita.

Teneva un piccolo laboratorio di sarta, senza però le giovani cutréttole che s'incolgono a pispigliare entro simili nidi, e, credendosi presbite, portava degli occhiali che le annebbiavano un po' quei precisi rapporti cui gli occhi nostri sogliono inoltrarci de' corpi contundenti.

In realtà non era presbite, ma strabica: sicché se un occhio era al gatto, così morbido e pigro, l'altro le volava di là dai vetri, al di là dai passeri, di là dai tégoli, di là dai comignoli e lo fermava soltanto, tra un garbuglio di fili telefonici, la vetta stellante del Filarete.

Non afferrava subito l'importanza delle questioni tecniche.

Quando glie le avevano spiegate e ben delucidate dicendo: «Vede? Qui, qui e qui», e aveva fiutato le parti più lise e più fruste, allora con la sicurezza del clinico di grido diceva: «Vedo, vedo... eh già: vedo benissimo».

Nel suo quartierino si avvertiva di leggeri la presenza della minestra del giorno prima, il di cui odore, previamente commisto con quello del gas e della lana cotta sotto il ferro da stiro, si aggiungeva al sentore dei panni e robe vecchie accatastati ne' siti più acconci. Questi panni, gravidi d'un sudore ormai superato, erano completamente asciutti.

I suoi modesti polmoni funzionavano con grande regolarità, sia durante le ore notturne, allorché si chiudono ermeticamente tutte le finestre, sia durante le ore diurne, allorché le non le si aprono, essendo che giova schermirsi dai raggi cocenti del solleone, (quando si voglia ben provvedere alla frescura casalinga), e che tante automobili, aggirandosi scapestratamente per la città, levano oggigiorno grandissima polvere e danneggiano talora anche i passanti e le aiuole.

In una gabbia, dietro un folto di lattuga, due uccelli analfabeti frullavano trepidamente al primo entrare d'alcuno. E di subito quello spavento gli faceva fare delle càccole color calce.

Questa signora nostra conoscente si era coniugata in giovinezza con il colonnello Metjura, non ricordo bene se russo o di qualche nazione limitrofa, del quale conservava uno stupendo ritratto.

Dalla parete di fondo, che occupava quasi per intero con l'appoggio morale d'una cornice di proporzioni inusitate, egli dominava il salotto-laboratorio. Il portamento marziale del valoroso, il suo maschio cipiglio, i bellissimi alamari, la sciabola che gli era stata fedele compagna in ogni luogo, in ogni istante, le spalline intrecciate di grossi fili d'oro, le folte medaglie, croci e stelle, i numerosi bottoni metallici che sembravano medaglie anche loro, senza contare i guanti e poi tutti i cordoni e cordoncini la cui manovra, per un uomo di tal fatta, doveva riuscire la cosa più naturale del mondo; tutti questi nobili segni rivivevano dentro la elaborata cornice in una sintesi di grande efficacia espressiva. Ma ciò a che il ritrattista aveva conferito uno speciale risalto e quasi un sovrumano potere d'imperio, erano i due portentosi baffi: unitamente alle sopracciglia bismarckiane finivano per procurare a chiunque fissasse troppo a lungo quel colonnello una vaga sensazione di malessere: «Non vorrei rimaner qui solo al buio con questo colonnello», era il pensiero che veniva in mente a tutti.

Appeso a un susino, il magistrale ritratto avrebbe potuto rendere servigi indimenticabili alla campagna cerealicola e allo sviluppo economico regionale, incutendo un salutare rispetto ai più spavaldi pregiudicati del circondario. Sorgendo da nebbie ottobrine sogliono questi ingordi beccarsi via ogni chicco che il colono ha lasciato di calcinare. E così anche passero e beccafico, frullone l'uno, esile freccia il secondo contro la polpa delle cosce di monaca.[1]

Mi par di vederli, al primo scorgere il sinistro colonnello altalenante nella tramontana avrebbe ognuno sconclusionato e rappreso il suo volo. E poi girondolare piuttosto al largo, dandosi l'aria d'esserci capitati a caso: e infine mutuarsi una occhiata a doppio senso: «Ehm! Sarà per un'altra volta!»

Ma ai due uccelli della vedova, pur così sensitivi, quell'uffiziale non faceva nessuna paura, tanta è la forza dell'abitudine.

Per tornare in discorso, le si conferiva talvolta un incarico, di metter mano al riparo d'alcuni abiti che, dissepolti, bastava lasciarglieli cinque o sei settimane o al più due mesi: e non andarle troppo d'attorno, non lesinarle quella fiducia e quella libertà di azione a cui aveva pieno diritto. Era quando, raccolte sagaci informazioni sull'andazzo del figurino, la povera vedova sapeva osare fino alla temerità; sicché tornando per riaverne notizia, quei vestiti ci apparivano sotto un nuovo aspetto, dei più edificanti, quantunque totalmente imprevisto.

«Paiono nuovi», diceva sciorinandoli fra la rassegnazione generale. «Queste vecchie stoffe d'una volta durano eterne».

Le consegnai quella busta, pregandola di constatare che conteneva due rettangoli di carta. Tali sudici rettangoli erano apportatori di gravi notizie intorno ai guai che la Legge, lavorando in silenzio, scatena poi ad un tratto sul capo di chiunque se li fabbrichi per conto suo. Sul recto l'effige parlante della Defunta Maestà del Re Buono aveva a contorno un ottagono, fregiato nel modo del più ottocentesco rinascimento.

Due autografi, comprovanti l'alfabetismo di certo signor Stringher e del suo infaticabile collaboratore signor Dall'Ara, finivano per dissipare ogni sospetto.

Inoltre vi si erano installati quattordici milioni di microrganismi, i quali scodinzolano senza tregua all'insaputa del volgo, che è scandalosamente avido di siffatti abominevoli veicoli del male, nel mentre i patologi in genere e segnatamente gli igienisti e gli specialisti di malattie cutanee li hanno lodevolmente in orrore.

Tutti questi dettagli passarono inosservati.

La vedova del colonnello Metjura, fattasi ilare e spigliata, mi servì un caffè copiosissimo, sua speciale invenzione. Bevanda che deglutii con bel garbo, mentre diceva: «Sente, signorino, sente?»

Ma lì per lì non sentivo nulla: mi veniva in mente un can barbone, fermatosi una notte alla soglia di casa. Era così malinconico, l'acqua il buio il vento di fuori eran tali, che decidemmo di offrirgli mezzo mestolo di brodo opportunamente diluito in una catinella. Senza però carezzarlo, perché grondava d'acqua come una boa e poi dicono, quando sono così mogi mogi, che possono diventare idrofobi, improvvisamente, addentando il benefattore ai polpacci: sebbene ciò mi sembri inverosimile.

Mi accomiatai, discesi le scale buie: ero stanco!

Ecco i globi si accendevano prima dell'ora, dondolando nel vento temporalesco, e velocipedastri sopravvenivano: un sibilo, con cui volevano gridarmi: «cretino!»

Dei solidi alpini, rossi nel viso e nel collo, parevano cavar dal vento respiro e salute, certezza di sconfinate possibilità.

Due magroline li trovarono però un po' imbambolati: «Maledetti scarponi!» «Sono ferrati da mulo».

I fuochi occidentali facevano pensare ad approdi meravigliosi: strisce di cenere, con frange di oro e di croco, tagliavano l'incendio lontano: e i cùmuli di piombo e d'oro, correndo a deformarsi nel cielo, presagivano il divenire, il mutare: sembravano correre verso le rosse speranze.

Pensavo nella pianura il popolo folto e fedele dei pioppi, la dominazione delle nobili torri (mattone bruno che la fiamma in culmine accende); e, perse nella verde gente, le cupole di taciturne certose.

Quivi, nelle cripte buie si travedevano irremovibili arche: han sepoltura i vescovi e i re coronati di ferro, la di cui forza, celata nel tempo profondo, procurò saluberrime germinazioni.

Da presso fluisce tacita e verde l'irrigua pace: solidi manufatti contengono e guidano il bene comune; sibilando, alle curve si snodano in corsa i neri, celeri treni. Toltisi alle buie spire del San Gottardo, già corrono lungo i salci ticinesi ed i pioppi, lacerando veli di nebbie: e il loro sibilo sfiora i fastigi delle torri, le cupole delle antiche certose.

Pensavo ai miei amici Marco ed Italo: e quell'altro masnadiere buono, il Carugoni. Avevan già risalito a quell'ora la valle dalla cui voragine orrenda lo Scerscen prorompe: e, persosi il furibondo ululato, avvistavano all'alba – lama sfolgorante contro il turchese del cielo di luglio – il crinale dell'alto Bernina.

Mi volevano ad ogni costo con loro: avevo addotto dei decorosi perché. Il più ben cotto era: mancanza di allenamento.

Guardando i bagliori così vividi dell'occidente avrei pianto, – se un ragazzo istruito, appartenente a una famiglia distinta, potesse fare simili cose per strada.

Perciò andavo un po' a caso per la mia strada, sicuro che la ricetta «studiare, lavorare» mi avrebbe guarito. Tutti mi esortavano alla perseveranza, anche una ricchissima signora che voleva molto bene alla mamma: quando veniva il suo onomastico, non dimenticava mai di regalarle un calendarietto profumato. «Studiare, lavorare!»: il cuore bravo diceva: «Già» – «Poi ci sarà la mia terra, come per i vescovi e i re».

Il destino sovvenne impensatamente al mio male: mentre

70

credevo mi fosse rimasto soltanto quel «nichelino» un po'
storto, come se qualcuno vi avesse morso, al frugar la tasca sinistra m'avvidi invece che gli amici eran due, tant'è vero che
giocavan fra loro con un loro tintinno.

Cavatili, oh! rapida gioia! Colui che così familiarmente
s'intratteneva con lo sciancatello era della buona lega del Regno, un tondo d'argento! Da un lato l'effigie del tarchiato e
conciso Allocutore che, presso il colle di San Martino, cagionò
gravi danni ai ricolti, diffidando i battaglioni ammassati per
l'attacco dal consentire a trasferimenti funesti, indegni della
gioventù piemontese.

Regioni edeniche, forti e nobili azioni si promisero d'un subito alla mia anima ancor fervida di puerile bontà e di altri
sentimenti elevati, ma inverosimilmente inutili.

Treni fuggenti nella pianura che a gara il Ponente correva.
Aveva bevuto aspramente ai marosi del Leone: ingolfatosi a
contropelo nella valle della Duranza; risalito verso la bocca
d'Altare: o superato lo stridente pettine dell'Argentera o vali-
cati i prativi di Tenda e del Monginevra. Poi la pianura era
sua.

Nell'arzanà le peci spalmate freddavano calafatando le co-
ste e la tuga e il vento Ponente anche quel catrame se lo beve-
va. Catrame che viceversa era pece.

Caravelle leggere uscivano, la Lanterna non si moveva.

E il Tirreno infinito una radiosa luce lo rischiarava, sotto le
sue luminose stelle si poteva eternamente dimenticare!

E il Corso Garibaldi era lì vicino: il mio passo stanco s'era
fatto celere e vellutato come quello del leopardo di turno nella
jungla. Il nome del provetto cacciatore, cui quaranta baionette a San Fermo più valsero che centomila per i saputi strateghi
del Mincio, è legato invariabilmente a una successione fantasmagorica di vive luci e delizie: tabaccherie con abbeveratoio,
vinaî, smacchiatori, posti di pronto soccorso, trattori, biscot-
tai-confettieri e lattai-gelatieri, parrucchieri in bianco avorio:
(dove dipoi una volta, nel pieno fervore dello spumone, mi si

71

squagliò tacitamente l'ombrello, né dopo d'allora più mai rividi quel fedelissimo ombrello) e poi calzolaî meridionali, venditori di bretelle celesti, rivenditori di pantaloni usati ma in ottimo stato, ortolani smontabili con attendamento completo, da cui fuorescono enormi cardi, e bancate di pomidoro e spinaci; dozzine di donne con ceste e polpacci come nelle carte de' tarocchi e vestiti da far imbizzire i cavalli; repentine biciclette commesse alla consumata perizia ed esperimentata prudenza de' garzoni panettieri, i quali, pur avendo il malvezzo di pedalare a più non posso, servendosi per giunta dei calcagni, dato che le gambe gli crescono di giorno in giorno, con tuniche sciamannate che gli svolazzano dietro, tuttavia ben raramente rovesciano fuor dalla gerla i loro centocinquanta panini fra un tram e un taxi frenati di colpo, rilevandosi poi da sé soli e rimanendo stupefatti a gambe larghe in piedi, con la bicicletta però per terra, sotto: donde le urla, i chiarimenti di posizione, e le trombe o *clacksons* dei retrostanti bloccati.

Dicevo che è legato, quel nome caro, quella portentosa sciabola, alle più tignose catapecchie che affatichino i piani regolatori destando nei folkloristi iridescenti concupiscenze.

Cento sindaci deve essergli balenato un solo pensiero: «Ah! volevi bene al popolo? Ma che bravo! Fai il savio che vedaremo di contentarti».

Detto fatto, dove c'è muri fradici da diroccare, avendo vecchi luoghi di comodo infradiciato il mattone, e vecchi ballatoi da smantellare con accessi di paurosi archivolti; siccome il più delle volte non si vedono i soldi e intanto sarebbe una vergogna intitolare quei casamenti a S.M. il Re, ai Principi del Sangue, o al grande pensatore e giureconsulto il concittadino Giambattista Ponzoni Indormenti, ecco che l'Eroe dei due mondi può rendere servigi insperati. Si può tirare il fiato. Si può attendere con serenità, confortando l'animo nostro ad alti sensi civili, la prossima epidemia di tifo.

D'altronde l'inopinato franchetto aveva anestetizzato siffattamente le mie facoltà critiche, la sosta domenicale aveva

72

conceduto di sgomberare il lastrico da tanto di carotame e di cavolame, che il quartiere abitualmente torsolesco mi apparve dolce di luci, e promanava un sottile gaudio e mistero: ignorai le vie laterali donde, come gnente fosse, sbucavano magnifiche donne incipriate, dagli occhi verdastri; dove finivano per incappare, dopo qualche momento di esitazione circospetta, bersaglieri e «finanzieri» in permesso, talora un po' rossi e bitorzoluti. Sono sfoghi del sangue.

Ciò che non potei ignorare furono le bibite del gelativendolo il quale, accampato sotto il tendone con ghiaccio, pialla da ghiaccio, secchî, e con l'iride nelle bottiglie dell'apoteca, mesceva il colore prediletto in un bicchiere colmo di ghiaccio in briciole, servendosi a ciò d'uno speciale mestolo-misurino di stagno. La coda del ramarro aveva sublimata in uno smeraldo liquido detto menta glaciale, dove la melarancia era un topazio, l'amarena un granato. Con il misurino di stagno mi impartì sgarbatamente la mia razione di sogno – nei limiti della sua razione di realtà.

Ero un «signorino»! Non sarebbe stato logico che egli fosse amico con me quanto coi due velocipedastri a cui, oltre il ghiaccio tritato e il colore, aveva largito in soprammercato una barzelletta cadauno.

Con poveri e svelti calzoni di tela, il didietro color cuoio (avevano fotografato il sellino) installato sul ferro orizzontale della bicicletta inclinata, le gambe tese, calze e poi leggeri scarpini da ciclista, – quasi babbucce che le dita del valido piede forzano e rimuovono dal di dentro, – essi poppavano avidamente ma saggiamente dal suo cucchiarino, con un lungo succhio, ciò che il gelativendolo affermava urlando ai passanti essere il vero gelo, il vero polo Nord.

E così arrivarono prima di me che, apparentemente distintissimo, tranguggiai mentre nessuno guardava un tal gnocco di ghiacciuoli conglomerati, da lasciar adito alla terribile puntura del polo Nord, nella tempia destra.

Dopo la gioia dello smeraldo, durante lo svolgimento della

quale, come s'è visto, avevo finito per dimenticare la contessina – la mia coscienza fu presa da un vago malessere: quel denaro, di cui m'ero così subitamente allegrato, era bontà e sacrificio: un amoroso, trepido, inesausto pensiero: quello che per ognuno di noi esiste solo nel mondo.

La lira doveva bastare una settimana: e il ventino, ecco, era già compromesso! Eppure avevo bevuto il caffè speciale della signora Metjura: che per quel giorno sarebbe potuto bastare.

Conscio dell'eccesso a cui m'ero abbandonato, una sorta di angoscia mi prese. Per una di quelle subite cadute morali che paiono il venir meno nel corso d'un disperato nuotare, mi feci improvvisamente perverso: entrai risoluto nel Cinema-Teatro Garibaldi, il rutilante trionfatore del gelido e rattrappito Eldorado. Non solo: ma deliberai già da quel momento (poiché il dèmone della sregolatezza mi accatastava nell'anima le sue perniciose suppellettili) che avrei messo un ventino nella macchina dei *sandwiches* e avrei deglutito dopo rapidi morsi l'elegante panino e l'oleosa sardina decapitata che quasi regolarmente vi depongono.

E forse, chi sa? per un folle impulso avrei ripetuto una seconda volta quell'atto: né era escluso che comperassi anche delle caramelle al tempietto moresco: e magari una parigina.

Andavo alla deriva, l'anima si portava in cambusa il caffè della signora Metjura, lo smeraldo del villanone e le donne garibaldoidi dal vestito celeste: poi, con vele turgide e nere, doppiato il capo del Rimorso, approdava a Nuestra Señora del Consuelo, nell'arcipelago delle Caramelle, dei Gelati, delle Sardine: gittava l'ancora nella Baja dei Sogni, dal cui limpido specchio sono escluse le ondate monotone e stanche di ogni dovere.

Il corso Garibaldi procurava al Cinema Garibaldi l'afflusso più lauto: tortuoso e cosparso di gusci d'aràchidi, di mozziconi di sigarette appiattiti, di scaracchi d'ogni consistenza e colore, c'era il ricordo delle castagne, quel delle arance, per i camminatori degli oscuri cammini luminoso e giocondo segno del Sud:[2] c'era il presentimento dei cocomeri patriottardi. Bucce da marciapiede, care ai chirurghi. Una folla, solita a deprecare la pessima organizzazione del mondo, lo percorreva trionfalmente, dimenticando a sprazzi i metodi di cura suggeriti dagli specialisti: come per attimi si dimentica un eterno mal di denti.

Sicché, per tutto quel pomeriggio, il Cinema aveva allentato i suoi cordoni di velluto verde trangugiando frotte di stupende ragazze, alcune però con le gambe leggermente arcuate, e un po' troppo grasse: fra le gambe delle quali sgattaiolarono tutti gli undicenni del quartiere.

Queste ragazze della domenica, insomma, mi parevano talora un po' ridicole. Però qualcuna mi piaceva. Sono talora piuttosto gonfie che floride, le più dimesse hanno gonfi portamonete un poco sdruciti: ambiscono sopra ogni cosa di recare una borsetta da passeggio e un cappello, sicché passino inosservate, come una signora qualunque che tutti si volgano ad ammirare. Col gran caldo le borsette finiscono per tinger loro le mani, le quali appaiono alcuna volta un po' rosse e screpolate, a meno che non siano strette dai guanti.

Sono i guanti un ingegnoso dispositivo inteso a facilitare varî atti del cerimoniale contemporaneo, come la consultazione dell'orario delle Ferrovie dello Stato o la raccolta dei ventini, quando, preso il resto, se ne seminano per terra tre o quattro, suscitando negli astanti vivo interessamento.

Per solito le ragazze in discorso scompaiono dalla circolazione verso le sette: ma il Cinema è un vortice folle, inghiotte anche i più massicci artiglieri.

Il fatto è che due erano assai graziosamente adorne di fenomenali perle, le quali non parevano destare alcuna cupidigia nei cavallereschi marioli che le attorniavano.

Gli undicenni e i da meno pagavano mezzo biglietto o una frazione qualunque, per esempio cinque centesimi d'ingresso,[3] secondo la disponibilità del momento. Il distributore fauo rapido conto, qual'era il massimo che poteva veda quelle tasche, di quei calzoni. E puntava sull'imponibile. Alcuni di quei calzoni non conoscevano nemmeno le mani riparatrici della mamma e il conto non poteva andar tanto in là.

Spigliati e franchi, e senza lo sguardo implorante del cucciolo che sta per leccarsi i baffi, pretendevano fior di biglietti i giovanotti: piantavan sul banco un tondo fermo, magari un biglietto, e non per ischerzo. E, invece di implorare, condannavano: nella vita non bisogna incantarsi. «Del resto, se fa affari, il Garibaldi, è per noi».

Vestivano dei completi marron o bleu: alcuni dal caldo s'eran però tolta la giacca: le bretelle si rivelavano allora un po' vecchie e sudate: erano affette da complicazioni ortopediche di spaghi e legamenti, tra i quali e i bottoni superstiti della cintura intercedevano rapporti piuttosto complessi. Entravano rumorosamente, inciampando in qualche imprevisto del Garibaldi, sì che di necessità dovevan finire addosso allo sciame gaietto: («oh! ma dico!»): e le lor mani robuste davano indicazione d'una «settimana» saldamente incastonata nel fenomenalismo economico, le di cui leggi sono, è vero, un po' dure d'orecchio; e non disdicevole neppure alle esigenze del divenire morale: i di cui canoni, sempre larghi di vedute e soccorrevoli con ogni campana quando si tratta di incanalarci verso le molteplici ricevitorie del bene, si piantano però poi come policemen a gambe larghe davanti quella poca minestra, esigendo, uno sguardo fregativo, il vizzo scontrino: lo leviamo con il pianto nell'anima e con un tremendo appetito in corpo e c'è scritto:

«Vale per minestre una».

E abbiamo fatto una fatica da cavallo!

Alcuni giovani erano ancor più eleganti, ancor più disinvolti: scarpe a vernice, piega diritta del pantalone, una mollezza elegante non disgiunta da virile trascuranza per ogni aspetto del mondo che fosse estrinseco al problema fondamentale.

76

I loro proventi erano sicuramente più lauti: adocchiavano certe belle, sogguardandole in tralice: recidendo con lo sguardo d'un attimo la continuità dell'ora festosa: e quasi recando nella trama ingenua dell'allegrezza la sensazione di un al di là vero e diverso costituente la vita. Le occhiate ràpide sudice e vili destavano l'ammirazione dei minori, che pensavano, divenuti serî ad un tratto: «Questi sì, che sono già uomini».

In taluno degli adolescenti che per ispirito d'emulazione s'eran tolta a lor volta la giacca, colpiva lo sviluppo dell'avambraccio rispetto al torace e alle spalle ancor esili: come il cùcciolo del bracco o dello spinone, che gli son cresciute delle zampe, che pesano un chilo. Sembrava che quello scarno torace un sussulto di tosse fosse la sua idea naturale: ma l'avambraccio aveva la pesante secchia, dondolatala un po', da caricare in ispalla.

E poi con grosse ciabatte su per la rampa.

Mi ingolfai tra la gente e persuasi a me stesso che quell'odorino era una cosa naturalissima, come pure quei fragorosi «ciàk» che a intervalli di quarantadue secondi un espertissimo fumatore largiva al suolo, con sicurezza da maestro: per un istinto squisito dello sfinctere orale, particolarmente congenito a certi prodotti-tipo ma assai diffuso comunque in quegli ambienti, com'è il nostro, che s'improntano a una civiltà millenaria, la traiettoria evitava miracolosamente le giacche limitrofe. Mi ricordò Buonvicino della Ripa e le sinquanta cortesie ch'ei prescriveva si serbassero almeno a desco: «...È vietato nettarsi il naso nella manica dei buoni vicini...»

Primi sprazzi, in terra lombarda, della luminosa Rinascita. I trasferimenti vocali del dialogato, con accentuazione di scoppi interiettivi, mi segnalarono invece una masnada di rusticoni. Eguali dovevano erompere dai petti villosi degli avi i fonismi di che s'accompagnò l'inizio della biologia umana, quando le selve del pleistocène rendevano impensabile un esercizio ferroviario a largo traffico. Nelle profonde pause del vento la mormorazione religiosa delle abetaie si attenuava e come perdeva in sussurri lontani, il sinfoniale era introduzione solenne alla virtù dell'a solo: così fu che i grilli, in sul primo gelo dell'alba, udirono stupefatti il bisnonno di Calibano, allora in preda agli umori di giovinezza, egutturare apostrofi monosillabiche contro i maschi concorrenti. Tutta notte aveva grugnito la sua serenata. (Appiattandosi dietro un grosso larice).

Il vento s'era restato. Così fu che gli uomini fecero le prime lor prove, i cari uomini, i diletti amici nostri, quelli che saranno di poi per provarsi nell'agorà, nel foro, nell'arengo: alla Pallacorda, a Montecitorio, al Congresso e dovunque debbasi guidar con voce i cavalli, o loro stessi, in terra lombarda o non lombarda, di festa, di sabato, nel fasto del Cinema, nell'imbratto delle carraie.

Quei ragazzotti erano invece un gruppo di rumorosi e robusti foranei, da noi detti «ariosi». Portavano difatti, nella pelle e nel viso, l'aria della patatifera campagna e certe zone dei lor panni domenicali, sul dorso e sugli omeri e altrove, eran tese da discucirsi, tanta salute ci stava dentro.

Ma neppur io potevo darmi delle arie difficili: saggiato a un qualunque tasto dello scibile, avrei potuto essere in quel momento poco evasivo. Sebbene la profondità vellutata del mio sguardo rivelasse una mente fervida in ogni pensiero, tre grosse caramelle mi ingombravano a un tal segno la cavità orale, che un idiota si sarebbe spiegato meglio.

Che era accaduto? Uno dei migliori sillogismi del mio repertorio: se una caramella è delizia, tre caramelle sono una delizia tre volte più buona.

C'era, bisogna confessarlo, il pericolo di una deglutizione prematura, di uno «strangolamento», come si dice nella terra inumidita dall'irreperibile Sèveso.

Appunto per questo, nel crogiolare quei tre saporini, crema caracca, menta glaciale e ratafià, (chissà poi che cos'è questo ratafià), nell'allontanarmi seco loro dal fóndaco della geometria rattoppata, appunto per questo mi davo l'aria più naturale del mondo. Finii per dimenticare anche l'elsa del brigadiere a cavallo che nel frattempo si era intensamente affezionata a quattro delle mie migliori costole.

Ricaddi poi di nuovo nel parallelepipedismo del mondo reale: perché la punta d'uno spillone da signora distava alcuni centimetri. Avvistato lo spillone, ritenni doveroso di dare un'occhiatina anche al resto, pur seguitando nel dilettevole proscioglimento.

Era vestita nei toni bleu-verdi prediletti dalle guardie civiche e il cappello avrebbe suscitato l'invida cupidigia di Alfonso Lamarmora, tante penne verdi ne rampollavano.

Mi guardava anche lei, a sua volta, e piuttosto maluccio: dai dintorni d'un naso aquilesco e pallido, affilatissimo, mi lanciava occhiate sature d'una viperina perfidia: poi, contraendo le labbra per aspirar lentamente un suo lungo, sibilante fiato, si raccoglieva nelle spalle con un sussiego decoroso e pieno di tragici sottintesi.

«Oh, che cos'ha questa signora?», pensai, arrossendo senza volerlo. Eravamo stipati. E siccome ero un po' impressionabile, i miei amici mi suggerivano, in simili frangenti, di toccare con due o tre polpastrelli un pizzico di qualche solfuro od ossido o carbonato o silicato metallico come pirite, blenda, calamina, bauxite, siderite, galena, leucite, dolomina, o anche ottone, o meglio ancora ferro omogeneo. Andai dunque in cerca della chiave di casa, che solevo tenere nella tasca posteriore dei pantaloni: nel palparla poi accanitamente, rigirandola in ogni senso, la feci collidere contro intenzione con qualche cosa di duro che pertineva all'impalcatura esterna della distinta signora.

Il fiato che stava aspirando le sibilò allora fra la lingua e i molari. «È inutile fingersi distratti», sembrò significare l'occhiata verde-cloro con cui mi fissò: «Io osservo, noto e giudico. E le manovre dei mascalzoni le indovino in anticipo».

79

Il mio abito era purtroppo un po' levigato: privo di quella scioltezza elegante che si ammira nei giovenili diporti, e senza nemmeno la linea della strafottenza sgangherata e spavalda consueta a certi figuri che, trangugiati liquori di seconda qualità, vi squadrano come dicendo: «Sì, proprio: se vi pare è così: se no, è così lo stesso. Avete forse cento lire da rimediarci?»

Adorno invece di cinque o sei buone intenzioni, nessuna raggiungeva il bersaglio psicologico a cui era diretta.

Ora è noto che i pattuglioni della diffidenza fermano volentieri gli spelacchiatelli (mentre certi pessimi figuri, dai calcagni sbilenchi, si sottintende che siano già registrati).

Sicché a quello sguardo, stretto com'ero dalla coscienza d'una situazione modesta, pentito dell'irriverente uso a che avevo adibito la chiave, arrossii anche più.

«Farabutto!», mormorò la signora sprigionando l'occhiata definitiva, con tendenza all'arancione. E mi volse risoluta le spalle, raccogliendosi in un'estrema, degnissima levata del capo. Il cespo delle penne verdi fu corso da un fremito.

Due soldati si volsero: avevan fin là tenuto fra loro un loro discorso, in una parlata ricchissima di zeta e di emme: adesso gli prese il bisogno di manifestare i loro sentimenti cavallereschi. Anche il brigadiere mi guardava cupo. «Ce ne sono davvero dei farabutti», disse il primo soldato esprimendosi in un italiano soddisfacente. «"Si" approfittano delle donne sole», disse l'altro, con accenti di sconsolata amarezza.

In verità io non «m'ero» approfittato che della mia propria chiave del portone di casa mia: atto di gusto discutibile, è vero, ma non tale da motivare un intervento della generosità altrui in difesa del «debole».

Dell'essere così stipati, colpa non ce ne avevo: e se la fiancata della signora, babordo e tribordo, aveva munizione d'una corazzatura completa di stecche di balena e fil di ferro, tanto meno ce ne potevo.

Dalla rabbia le avrei strappato giù dalla testa tutto il cespuglio con lo spillone dentro e volevo dire a quei due che la zeta è difatti l'ultima lettera dell'alfabeto: ma non conviene di farne spreco, quando si è cavalieri.

Senonché l'orgasmo della folla mi vietò una qualunque ripresa: dei campanelli sonavano a perdifiato nella sala del mistero, di là dalle tende di velluto frusto. Di qui la musica era più varia: ai camerlenghi del cinema venivan rivolti sgraditi incuoramenti, allocuzioni sguaiate ed appelli, apostrofi assordanti, esortazioni e fischi e barriti d'ogni genere. Un gruppo di ragazzotti si diede a sibilare ed a premere disperatamente: strette frammezzo la maramaglia, le ragazze non sapevano più che pesci pigliare.

Visto allora che in quei paraggi avevo una cattiva stampa, feci roteare a più non posso le tre caramelle, le guance furon corse da sì mobili protuberanze, da smentire qualunque sospetto d'altre intenzioni; e volli avvalermi dei rimescolamenti e bollore del magma per tentare una migrazione, sull'esempio di un antico agnato di mia gente, un irascibile Visigoto, il quale un bel giorno, che è che non è, trasferì le sue tende sulle rive del Tago, con casseruole e tutto.

Così senza parere, e talora con bel garbo, con qualche spintarella, gomitatina e con dei simpatici «con permesso», mi diedi a fendere l'impasto bizzarro, dove alcuni sospettosi e ringhiosi droghieri democratici, grossi grumi di ortoclasio, facevano da nocciòle nel mandorlato: (le mandorle autentiche erano più discoste). Il loro sguardo sprizzava Giustizia e Diritto in tutte le direzioni: a giudicare dalla catena dell'orologio, anche le bilance loro dovevano essere apparecchi integerrimi, tarati al milligrammo. Quanto alla carta di barite, si tratta d'una prammatica universale.

Elusi il Diritto, circumnavigai la Giustizia e arrivai con tutti i miei bottoni presso una frotta di ragazze, di cui una, lei!, mi colpì davvero. Cosa non dovette patire la signora dal naso affilato nell'appercepire quelle mie manovre: trangugiò rivoletti di saliva verde, sarcastica come una cucchiaiata di salsa di peperoni e senape. «Ham! Il fintone ne medita una delle sue».

Quella bimba invece non aveva l'annoiato cipiglio della contessina Delrio, né vi era in lei lo sprezzo villano del gelatiere, né il sospetto ingiurioso della pennuta ed affilata isterica, né nobiltà d'animo sonante per emme e per zeta: e né presso lei odorose scansie, colme di diritti conculcati da rivendere al minuto.

Mi guardò con una serenità limpida e fervida: un essere umano trovava finalmente ragionevole di accordarmi il mio *ticket* per il mio viaggio tra i vivi.

Ella, cara bimba!, non sollevò pregiudiziali nei riguardi della mia giacca, alla quale dopo tutto nessun serio appunto poteva muoversi: né in causa de' miei probabili alfabeti: né per quel che di faticato e distratto che avevo nel viso.

Una dolcezza buona mi guadagnò e mentalmente commendai la vedova Metjura che, come una vecchia e povera nonna, aveva offerto a me «signorino» il suo caffè speciale, il più speciale de' suoi barbugliosi caffè. Per queste delicatissime si poteva e doveva fare ogni sacrificio, per queste, pensai, era necessario farsi forza, resistere, morire magari in guerra, sotto la grandine degli *shrapnels*. Chissà se lo Stato Maggiore Generale dell'Esercito si preoccupava di ciò! Chissà a che punto era l'approntamento dei 75 a tiro rapido, prescritti in dotazione ai reggimenti da campagna! Avrei scelto la specialità degli alpini: un mio cugino, a cui era balenata la stessa idea, s'era voluto spaccar l'anima con quello zaino, per quelle sassonie: quando non ne poteva più, c'era però per fortuna un alpino di Val Malenco, o forse mi sbaglio di Valcamonica, che portava, ufficialmente, il suo zaino e, di straforo, anche quello di mio cugino. Ma mio zio aveva dei fondi.

E io, se non resistevo?

Improvvisamente la sindrome tipica delle frenòsi collettive si manifestò nel magma. Impazzirono tutti. Non furono più che degli accamaònna e orcoìo, fra gomitate e strappi paurosi.

Dal foderame de' panni emergevano volti tumefatti
tre particolari oggetti di rifinimento si allontanavano dai proprio insieme come sciarpe o mezze giacche o qualche ombrello
restìo che, tenuto disperatamente da cinque dita e da un pezzo di braccio male incastratosi fra gli omeri di due sconosciu-
ti, seguiva il proprietario un po' da lontano. Invocazioni di-
sperate dei gracili, degli erniosi, dei denutriti, e così degli
asfittici, gelavano i cuori sensitivi. E tutto si confuse in un
violento torrente il quale, dopo intoppi e gorghi d'ogni maniera, proruppe rigurgitando nella diabolica sala, così come dai
valichi retici usò dilagare verso melme padane la paurosa gente, nomine Unni.

I nasuti e colti Insubri che, venusti di spirito giuridico, erano assisi nel clamoroso teatro, accolsero la cavalcata del Re
Attila con la muta e dignitosa protesta di un Tertulliano a cui
un Alarico[4] gli dica: «Lo vedi?» e gli metta sotto il naso un
nocchiuto paletto di querciolo.

Un'ora prima quegli «humanissimi» erano stati, agli Eruli,
Goti.

Richiami frenetici, interiezioni selvagge, indicazioni topo-
grafiche radiotelegrafate ai congiunti, cui dalla stretta mater-
na la tempesta divelle e sperde nel mare, gioia barbarica per
seggiole conquistate e forsennato trepestìo di bipedi fra quadrupedi seggiole, fecero impallidire i migliori brani descrittivi
della Gerusalemme, Rinaldo dileguò dal ricordo – nel mentre
i primi cosciotti di fruttivendole quarantenni si assestavano
tra i fibrosi lacerti e malcomode baionette degli alpini limitro-
fi, duri che non si muovono, maledetti muli.

E mentre lei, la bimba, più non vedevo dov'era, la signora
Lamarmora veniva riversata nella sala dal mugghio spumoso
degli ultimi spaventevoli cavalloni. Date alla tempesta tutte le
sue penne, «Villani, villani e villani!» la si sentì strillare: e fol-
gorava Poseidone con così perfide occhiate, da indurre in quel
colosso, pur così avvezzo all'umidità e alla vita acquatica, dei
rèumi di origine psichica.

Nella tenebra liberatrice in cui piombammo ad un tratto ogni urto fu attenuato e il boato delle passioni umane vaniva. I silenti sogni entrarono così nella sala.

NOTE

1 Così chiamano popolarmente certe grasse e gustose susine.
2 I «düstre Wege» della introspezione; le rinomate «Goldorangen» e lor cupa, verdissima fronda.
3 Prezzi e monete e sindaci d'anteguerra, come il sagace lettore avrà già notato.
4 Superfluo notare che fra Tertulliano giureconsulto e Alarico re corrono due secoli di differenza.

La Madonna dei Filosofi

I

Mi rincresce di cadere nel convenzionale, ma è proprio andata così.

Metà strada fra Boffalora e Turbigo c'è una strada che traversa: e da una banda si sperde fra salci ed altissimi pioppi verso il Ticino: e dall'altra, con forte salita, valica lo spalto boschivo segnante, nella coltre fonda della pianura, l'erosione del fiume.

Voltando e salendo di lì, si arriva col fiato grosso a una torre di mattone bruno, merlata, con un tetto di tegoli bruni. E intorno tetti e altri muri di mattone fra gli alberi, con buchi allineati, con nidi di rondini e strida nei rossi tramonti. Il fossato rivela un'antica munizione: i merli sono ghibellini di forma e lombardi di sostanza: lombarde le cornici di cotto alle bifore. I canti dell'edificio speronati di granito grigio, d'un impasto assai ruvido: serizzo de' trovanti morenici: e inchiavardati di ferro.

Questa bicocca la chiamano Castelletto e anche sulla guida del *Touring* c'è Castelletto, da non confondersi con l'altro Castelletto sul Naviglio Grande, fra Abbiategrasso e Gaggiano. E i saputelli dicono che fu schiaffata lì da non so che Bernabò Visconti, per tenere in rispetto non so che lazzeroni di allora, ché anche allora pare ce ne fossero in giro più d'uno, in quel sito lì, come in altri. Difatti ci riuscì: e il Ducato di Milano fu un ducato solo, invece di cinquecento cinquantacinque ducatini, vuoi di Gaggiano, vuoi di Sedriano: finché fu collocato a riposo, dico Bernabò Visconti non il Ducato, dal suo nipotino Gian Galeazzo.

Ma altri saputelli sentenziano che «l'ala destra deve essere stata rifatta in epoca posteriore». Che bravi! Le finestre han cornici barocche di pietra grigia, e fra la seconda e la terza del primo piano, sopra un bel balcone di ferro battuto, e panciuto, c'è dipinta una Madonna che appare benedicente a San Carlo Borromeo. Non si sbaglia più. Sullo sfondo, sotto un livido cielo, una fila di rognosi pestilenti. Questa Madonna è, come pittura, di mano abbastanza buona e tutto l'affresco di buon disegno e colore, sebbene un poco sgretolato dai diluvi: e davanti, retto da una mensola di ferro, c'è un lumino rosso, ma bel grande, con dentro uno stoppino che non finisce più, ed è sempre acceso, estate e inverno, e non c'è mai pericolo di trovarcelo spento.

Raccontano una storia, che quella mensola e quel lume rosso fossero un ex-voto d'un gran dottore e letterato di «quei tempi là» che nei pressi del castello, una notte, era stato aggredito da tre tipastri della razza appunto di quelli a cui Bernabò Visconti gli piaceva di cantargliela chiara: «o dentro, o fuori»; e il fuori era un po' lontanuccio. La ragione pare che fosse che costoro lo volevano sposar per forza a una loro megera detta la «bella strega». Questa, che mesceva a un piccolo posteggio sulla strada di Vittuone, era riuscita a togliere il senno a quel grandissimo dottore, che ci passava in carrozza ed anche a cavallo, nel venir da Milano, ché solo a Milano ci possono essere dei letterati così. Come fosse riuscita, preciso non lo si sa: ma di certo, svelta com'era, gli aveva versato di straforo nel suo boccale qualche goccia di «poculum amatorium», un filtro stillato dal veleno di due vipere gravide e dalle foglie del rabarbaro e di altre erbe malefiche delle specie più rare e più sostanziose: poi fanno bollire tutt'insieme quando è scuro, chiamando i nomi di tutte le donne maritate che di notte, oltre al re di denaro, si sognano anche del fante di picche.

Questa ragazza, che aveva degli occhi infernali, apparteneva certamente a una qualità speciale di streghe, a quella qualità che le chiamano anche zingare o maliarde: le quali non si curano affatto di cavalcare fra un camino e l'altro, nella pioggia e nel vento, quando fa buio, a cavallo d'una scopa; come le vere streghe o befane; ma pur tuttavia intrattengono anche loro dei misteriosi rapporti con l'Esecrando.

Pare (qui si va un po' nel torbido e chi me la contava abbassò la voce, guardandosi prudentemente in giro) che dopo aver baciato nottetempo le natiche dell'Esecrando e avergli giurato divozione e servitù, acquistino perniciosa bellezza.

Naturalmente perirono tutte tra i fuochi eterni e sono tuttora esposte a temperature elevatissime e guardate a vista dagli spiriti infernali: i quali per altro hanno interesse a conceder loro dei brevi congedi, ben sapendo, da vecchia dimestichezza con il tomo 44° della «Histoire universelle», che elleno son suscettibili di pronta reincarnazione e che della vacanzetta insperata si avvalgono tosto per qualche proficua gita di propaganda nella virtuosa Italia.

Il dottore mentecatto, «doctor insaniens», radunate l'ultime forze, aveva con una estrema implorazione invocato la Beatissima, dal fondo della sua tetra miseria: ed Ella, luminosa e pura, gli aveva ottenuto la guarigione. E fu allora che una notte di ottobre gli tesero quella imboscata: ma nella disperata difesa, sotto la grandine delle pazzesche legnate e tra le lame de' pugnali levati per rifinir l'opra, chiamò nuovamente il nome della Salvatrice. E dal castello con torce e tromboni uscirono i famigli, e portatolo dentro quella fossa e que' muri, fu ricoverato e guarito. Da allora la lampada arde.

E nelle sere di luglio, quando le mosche e i tafàni han ceduto il regno alle zanzare e alle lùcciole, e il turno delle cicale è scaduto e lo han rilevato le raganelle ed i grilli, (gemme del silenzio notturno), infinite stelle trapuntano la cava fonda del cielo, infinite cose si pensano; la torre è sola nel buio. E il lume, come nelle favole del bambino sperduto, è davvero un lumicino lontano.

Questo Castelletto apparteneva ai Ripamonti, discendenti de' marchesi Ripamonti: ma non erano più marchesi, perché uno, un numero della serie, dedito a funeste letture e avvelenato da teorie «progressiste», gli venne il prurito democratico, consule Depretis. Questo prurito lo tenne poi in orgasmo per quindici anni consecutivi, durante i quali la vecchia e nobile famiglia conobbe rari i momenti di pace, e a lui non gli riuscì nemmeno di farsi eleggere, nonché deputato della Sinistra, ma neppur sindaco di Boffalora. Fece però in tempo a perdere un buon terzo delle sue sostanze, senza che alcuno per legge di compenso ci guadagnasse un centesimo: e a riempir la casa d'una congerie di libri, che si aggiunsero ai molti che già ci stavano. Ma quello che lo preoccupava era la «elevazione» morale e intellettuale del popolo. A stento i congiunti poteron levargli di mano la posateria di famiglia, non so quante decine di chili d'argento massiccio, ch'egli voleva far rifondere a tutti i costi, per annichilare al crogiuolo fin le ultime tracce della corona gentilizia: obbrobrioso residuo degli instituti feudali, segno pestifero, che non si capiva come potesse ancora vedersi nel mondo, al secolo del Darwin e dello Spencer, dell'Haeckel e del Comte, del Lassalle e del Buckle, del Taine e dello Zola. Tutte le altre corone che poté grattare però le grattò.

Il titolo, fra la costernazione generale, lo ripudiò senza batter ciglio: e non so poi per che pasticci e regole araldiche e per quali complicazioni insorte nel groviglio agnatizio de' Ripamonti, bisognerebbe dimandarne uno pratico, cadde in proscrizione, da' libri, e in dimenticanza, dalle bocche di tutti. Ma più che tutto era il vento dei tempi nuovi.

Qui, per quello che ci importa, basta riferire che, nel 1922, dei Ripamonti non ne eran più rimasti che tre: padre, madre e figlia.

II

Maria Ripamonti, la figlia, aveva raggiunto e di poco superato i venticinque anni senza che i famigliari e i conoscenti se ne avvedessero: ma il papà e la mamma avevano fisso il pensiero sull'avvocato Pertusella, un distinto commercialista lombardo, il quale aveva già militato «non sine gloria» nel partito clericale e adesso, verso i trentotto, gli era venuto un naso un po' rosso; per cui, a ogni primo rinverdire de' colli, onorava di sua presenza le Regie Terme di Salsomaggiore.

Una figura distinta, per altro: un po' miope, portava gli occhiali: intratteneva tuttora salubri contatti con associazioni culturali cattoliche, con solidissime banche cattoliche e con instituti di beneficenza parimente cattolici e parimente solidi. Consigliere e membro ed amministratore di qui, consulente e procuratore legale e presidente di là.

Lei, Maria, invece, non pensava mai neanche per sbaglio all'avvocato Pertusella, di cui riusciva a stento a ricordare il solo naso, ogni qualvolta i suoi ci lasciavan cader sopra il discorso, affettando il per caso e il per combinazione. Se mai, capiva d'istinto che la sua propria vita avrebbe finito, un po' che continuassero, per diventare una farsa, una atroce, grottesca e spampanata farsa; senza capo né coda. Va bene la religione, va bene Don Zaccaria, va bene «La Perseveranza» e «L'Italia»,[1] va bene il patronato di Sant'Alessandro, ma l'idea di diventare la signora Pertusella le procurava delle crisi

91

isteriche: le *réclames* di Salsomaggiore le davano il cardio-palma.

Maria, e ciò è un po' l'onore e il merito delle creature, non voleva ancora ridursi a credere che proprio il mondo e i cavalli e le case e i cigni de' giardini, e le bimbe; che le guardie, i generali, i paralitici, i sacerdoti, i biglietti da cento, gli scrittori celebri, le pere e i capistazione e la prosa degli scrittori celebri, e tutto, sia proprio tutto un brutto sogno: no: sentiva bene dal più profondo dell'animo, come tutte forse le nobili e gentilissime donne della sua vecchia famiglia, che qualcosa di men che cretino ci doveva essere, che ci doveva essere qualcosa di vero nel mondo anche a costo di inventarlo, di fabbricarselo con la fantasia, o con una volontà disperata.

E poi, non era neppur tutto qui: capiva e sentiva di aver vissuto due vite. Una era arrivata fino ai diciannove anni, l'altra era dopo. Quella che era arrivata fino ai diciannove anni era finita in un ricordo straziante, in un orrido e desolato nulla, in un atroce non si sa. Maria, a diciassette anni, aveva avuto il torto di trovare estremamente «simpatico» il figlio di un commerciante rovinato, o industriale che fosse.

Il commerciante aveva avuto il torto di rovinarsi: in parte con degli esperimenti di coltivazione del baco da seta, più elegantemente filugello, tentati in una regione dove nessuno ne vuol sapere, né della seta, né del baco, né del bòzzolo, né della crisalide, né di altri fastidiosi lepidotteri: ché sostengono, con buona pace di Ludovico il Moro, che il gelso o moro tira il malocchio e a loro gli preme soprattutto di tirare a campà; ma il vecchio era un po' fantasioso, parlava sempre di patria, di industria, di lavoro, di iniziative moderne, di tram elettrici, di «elevazione» delle masse rurali, di colonizzazione interna, e si baloccava con simili ed altre espressioni che in quegli anni eran già di moda, ma nessuno sapeva ancora che cosa cristo volessero dire. Certi abili ed avveduti sensali, allora ai primi gradini «d'una vita operosa, tutta spesa per il bene della famiglia», lo ascoltavano con deferenza, come s'ascolta un invasato predicar alla gente; ed è lì lì per ricevere un calcio da un retrostante mulo.

Quel che è certo è che intanto perdeva soldi a tutt'andare. In parte poi si era rovinato con una sua casa di campagna, che aveva edificato nella boscaglia, in un terreno attiguo ai possessi del Castelletto, e che era stata per anni la miseria della famiglia: non contento di avere spropositato nel costruirla, a ogni primavera ci aggiungeva un muro, o un fosso, o un cancello, o un rustico, o un portico, o un tabernacolo, pur di vedersi i muratori d'attorno. È superfluo aggiungere che in quella casa non era possibile di prendere un bagno, (col Ticino a due passi, il bagno in casa era, secondo lui, un'operazione equivoca, degna delli effeminati cortigiani di Caracalla), né di starci d'inverno. E anche d'estate, imperversando certi strattempi indiscutibilmente paesani che, più propri del Varesotto, della Brianza e del Bergamasco, arrivano tuttavia a raggiunger qualche volta «la bassa», non era difficile di trovar la casa buia e allagata, sotto lo schianto dell'uragano. Le donne dovevano allora rilevar la sottana, (perché allora, parlo del 1906 o 1907, le sottane delle donne, in Lombardia, e forse anche altrove, arrivavano fino a terra) ed Emilio camminava sui calcagni.

Emilio era appunto il nome di quel ragazzo, il figlio del commerciante. Non era forse meno fantasioso di suo padre, ma molto meno del padre rivolto a problemi di economia rurale e di «progresso agricolo». Era di statura media, magro, taciturno, sanissimo, biondo. Aveva per lo più nove in latino e in matematica, e una sfrenata passione per i romanzi e l'Ariosto, che lesse nove volte in due anni stando ginocchioni sulla seggiola, dilungato con le gomita sul tavolino, mentre dilacerava con morsi feroci uno di quei lunghi pani infarinati, che chiamano «pan francese». A quattordici anni aveva preso il malvezzo, assai raro, per fortuna, nei giovanetti che frequentano le nostre scuole classiche, ma molto diffuso, per disgrazia, presso i collaboratori delle nostre meglio riviste, di scriver dei versi: ne scriveva ancora a diciotto anni e l'immagine di

Maria vi ritornava insistente. I versi di Emilio però, a differenza di quelli delle riviste, non erano destituiti di senso comune: le rime, anche se il ritmo fosse libero, erano nòbili, agévoli, e ragionévoli: l'andamento metrico non privo d'originalità: e «lo stile» non riceveva a ogni passo un calcio di dietro, passando, come fanno, di colpo, dal pretestato allo sciatto, dal frack agli sbréndoli, dal famigliare al teatrale, dal «fumiste» al «pompier»; e dal Petrarca e da Cino da Pistoia a Filippo Tommaso Marinetti a Paolo Buzzi ed a Fólgore.

Non c'era caso che giunchiglia fosse tirata a rimare con parapiglia, né, con fidanza, vacanza o maestranza; né «l'astro d'argento» del recanatese e del calunniato di Dasindo, con il «moderno stabilimento» del milanese Buzzi; né la bruniana o vichiana «cagione» con il «tram di circonvallazione», dello stesso «dinamico» ed «elettrico» Buzzi.

A tutti questi torti Emilio aggiunse il più grave: quello di arruolarsi diciannovenne nel luglio del '15, anno e stagione giudicati quant'altri insalubri per le stellette, fra quanti il Regno ne vide. Maria, allora tenera e splendida, ebbe il torto di scambiare con lui una passionata corrispondenza, che, se fosse poi venuta a mano di Don Zaccaria o dell'avvocato Pertusella, sarebbero certo rimasti di princisbecco.

Durante un breve congedo Emilio entrò al Castelletto, vestito da sottotenente: i suoi discorsi in quella circostanza furono piuttosto scuciti: era come trasognato, assorto: ma nel fondo della pupilla (che Maria ricordava stranamente nera, per uno così biondo) ardeva una disperata fiamma di vita. Era più magro, più muto del solito, lo sguardo più fermo ed intenso.

Le disse: «arrivederci», papà e mamma di Maria gli dissero: «auguri!»; e si corrèssero subito: «...cioè, in bocca al lupo», perché dicono che a dir auguri, per gli esami come pel Carso, mena d'un gramo da non averne un'idea.

Dopo un po' di tempo Emilio ebbe il torto, e stavolta fu l'ultimo, di non dar più notizia di sé. L'amministrazione militare lo definì «disperso».

Così gli anni passarono e probabilmente quel ragazzo, vivo e guizzante, con tutte le sue poesie e con tutto il pan francese che aveva addentato, si era disperso per tutta l'eternità. Nessun maresciallo de' baraondeschi uffici distrettuali sarebbe mai più riuscito a ripescarlo, né in Russia, né in Siberia, né a Wladivostok, donde pure sbuca ogni tanto qualche marito ritardatario, preso dopo quattordici anni da un repertino attacco di devozione coniugale; e arriva a casa a far perdere la pensione alla moglie: e a scombinarle quel po' di tela che nel frattempo ella aveva preso a filare ed a tessere, alla facciazza di Penelope.

A Maria non rimase altro conforto se non quello di capire che la parola «vita», come ogni parola, ha un significato elastico: chiamano vita, molte volte, una spettrale sopravvivenza.

Ella aveva «un vero e proprio temperamento di artista», come dicono di certe pianiste e mezze-soprano i redattori mondani di certi giornali, dopo certi concerti di beneficenza. (Mi si accappona la pelle solo a pensarci). Rivide molte volte, nell'ultimo istante del sonno, un'alba triste di ottobre: lui ritto di là dalla rete metallica che, presso all'uscita, divideva il parco del Castelletto dalla proprietà dell'industriale idealista: partivano in massa per una gita un po' dispendiosa, ragazzi, ragazze: c'erano anche «i tre inseparabili» o «tre moschettieri», come li chiamavano, Lampugnani, Rovida e Carletto Vanni, rispettivamente violino, viola e violoncello d'un trio disputatissimo nella cerchia dei conoscenti comuni. Emilio, ritto di là dalla rete, la salutò: suo padre s'era rovinato.

Maria ricordò mille volte quel viso assorto, l'ultimo saluto di sottotenente. Ringhiottì le lacrime amare. Era un disperso: nessuno più si curava di lui. La sua adolescenza, ormai tanto lontana nella memoria, doveva essere stata qualche cosa di irreale: un padre fantasioso e spropositato, Cesare, Orazio, il baco da seta, degli affari sballati proprio quando le ossa si allargano, dei sogni militari, delle poesie, e poi? L'immobilità buia. Messe di suffragio. La mamma vestita di nero. Davanti ai ritratti, delle viole mammole.

Così, anche il viso di Maria aveva mutato natura.

Ma aveva un vero e proprio temperamento d'artista.

Ragione per cui, dopo la scomparsa di quel ragazzo, che vivo guizzava nel freddo canale, o nel bluastro Ticino, o si arrampicava ai tralicci della grande conduttura elettrica dicendo che la vicinanza della corrente alternata fa diventar forti, quando fu certa che non lo avrebbe veduto più mai, rimase cinque anni senz'aprire il piano, senza frequentare una sala di concerto: né tollerò, nella sua mozartiana casa, che mai si toccasse un violino. Pennelli, tavolozze, colori, cavalletto furon dimenticati ne' solai.

Una volta, dopo sei anni, a Milano, accadutole di rincasar tardi, in una splendente sera di giugno, allorché le luci del crepuscolo, che in Italia sono talora meravigliose ed inimitabili, facevano diventar più rosa le colonne di granito di Baveno, fra ombre violette e globi d'oro; con rondini e tutto; e le torri, già nere da levante, erano rosse contro gli ultimi desolati bagliori; ragazze magnifiche succhiavano già la cassata alla Siciliana nei più pretensiosi caffè, magari in compagnia di qualche siciliano autentico, (dicono che per le ragazze non sono poi così grami) – Maria pensò che Emilio mai non l'avrebbe accompagnata a prendere nessuna cassata, né spumone, né altra pepiniana specialità. Emilio era qualche cosa del meraviglioso passato: adesso, dopo gli anni atroci, non era che un nome, associato a vani ricordi, e a funebri viole mammole. Così, scesa la notte, era rincasata e stava mutandosi d'abito: e ancora pensieri e lacrime brucianti; quelle che tornano e ritornano alle ragazze, quando il destino fa piangere; fa piangere e disperare. E quella sera proprio, Lampugnani, Rovida e Carletto avevano pensato a una visita in casa Ripamonti: ma il papà dopo un po' s'era congedato: aveva altri visitatori, per un precedente convegno: e la mamma, anche, s'era voluta ritirare.

96

I tre insistettero allora presso Maria, perché concedesse loro di eseguire un trio, che tanto già le piaceva... un tempo...

«Mi farà male, troppo male...» disse Maria... «Voi sapete... Gli anni sono passati... ma...» e osservava qualche capello già bianco sulle tempie di Rovida, il più adulto dei tre: il viso dell'uomo, già serio, già grave, le riproponeva l'aspetto di virile tristezza e più quel subito riscaturire nell'anima quasi d'un lontano émpito o pensiero o sogno o amoroso motivo, alle quali significazioni fu inimitabilmente atteggiato il viso del suonatore di clavicembalo nel «Concerto» del Giorgione:[2] tante volte, nella fulgida sala de' Pitti, l'avevano quei tre volti del concerto avvinta nei segni dell'ignoto, palesandole un processo misterioso da giovenili fantasmi verso la profonda immobilità.

Eppure Rovida lo vedeva ancora, come ieri, allegro, gioviale, saltar le panche di sasso nelli antichi giardini, scendere nel fossato del castello per coglierle un fiore, anzi un quadrifoglio, che diceva d'avervi scorto fra mille non quadrifogli: e tornar su graffiato dal sasso e dai pruni con un trifoglio qualunque «...ma fa lo stesso».

Finì per cedere: e telefonarono per il trasporto degli strumenti.

Il loro grande amico concesse la sua «serenata» in re maggiore, opus 8, per violino, viola e violoncello. È nota l'esegesi più comunemente accolta di questo trio: una comitiva di musicanti fa una serenata lunare sotto le finestre d'una casa amica: le ragazze scendono nel giardino e si balla: i giovani poi se ne vanno. Una cadenza di marcia accompagna il loro notturno vanire.

Era tanto il dolore, che le cavate ardenti e meravigliose si effusero piene di vita e di sonorità nella notte.

Mi dispiace proprio di dare nel convenzionale: ma la casa dà proprio sul giardino e larghi viluppi di glicine s'erano aggrappati alla bella casa seicentesca, che con ombre fonde ne ricadevano. Il folto e superbo giardino è limitato dal canale, detto Naviglio, che fluisce tacitamente traverso la città promanando un suo odore acuto di gamberi, e, quando fa caldo, è una discreta porcheria. La balaustra verso il Naviglio, di una squisita amplitudine barocchesca, come tutta la casa, faceva pensare a nobilissime dame, ravvolte per magnificenza in un velo: ma, appoggiandosi lì, dovevano arricciare il nasetto. Di là dal canale, dov'era una specie di vicoletto e di darsena per chissà quali approdi, una lampada elettrica vigilava implacabile, ributtava ogni ombra, ché alle industri fatiche del giorno male conseguono per entro l'ombre i convegni furtivi ed i rapidi baci ne' vicoletti e le strette, ed i lievi sussurri, se cada la notte: «lenesque sub noctem susurri». Sicché, mezzo intontito dentro la mota, si discerneva bene un recipiente pariniano, ma di consistenza novecentesca, e cioè di ferro smaltato, rugginoso e sfondato e intorno diverse latte arrugginite di ex-conserva di pomidoro, sedimenti e residui strettamente tipici per tutto il «giardin dell'imperio».

Dentro il cielo della Italia, la qual sarebbe questo giardino, luminose stelle erano zaffìri per tutti li amanti, nella cava fonda del cielo erano smeraldi o caldi topazi.

III

Il tono acido dell'ingegner Baronfo gli aveva procurato una legnata in testa da un robusto diciannovenne; un processo in pretura, che lo perdé; e infine una ricetta del prof. Settanta, docente clinica delle malattie mentali e nervose presso la Regia Università di Roma.

La stangata la prese perché a quel giovane, che lo aveva urtato malamente sul già marciapiede nella terremotata via della Scrofa, apostrofatolo con certo suo tono di signorile dispregio, aveva conchiuso col dargli del «calabrese»; mentre dobbiamo ricordarci che siamo tutti e soltanto italiani; il processo in pretura lo perdé sia perché aveva torto, sia perché il pretore, avvegnaché si spacciasse per romano, in cuor suo sapeva benissimo di esser nato a Paola, la ridente cittadina tirrenica che diede i natali al secondo Francesco. Di questo, che confortò il re Luigi morente, (e de' suoi Minimi confratelli, che vollero dall'Eremo della Calabria dipartirsi verso l'eternità e la salute), i cittadini di Paola conclamano con occhi incandescenti l'indiscutibile superiorità rimpetto a' di lui omonimi primo terzo e quarto, quinto e sesto, cioè umbro, navarrino, valentino, savoiardo e narbonese.

I quali pur con tanta cagione di fede sovvengono a ogni loro divoto: e per la mansuetudine in che fu così dolcemente sospinto il lupo ferocissimo di Agobbio; e Francesco Saverio, «l'Apostolo delle Indie», per la intimità del grande Ignazio, al

99

quale fu condiscepolo nel collegio parigino di Santa Barbara e del quale elesse di osservare la regola, per le miracolose conversioni operate, per la morte radiosamente incontrata, ne' lontani regni; e il Borgia valentino, se non come consanguineo di Cesare e di Lucrezia, ma per la benignità in lui rivolta dal Re che corse i mari e le terre, per l'ardente propagazione della Fede dentro dai confini di Spagna, per l'eccelso grado raggiunto nella Compagnia di Saverio e di Ignazio; e Francesco di Sales, il vescovo di Ginevra, quasi un Calvino del Cattolicesimo, per la umana ma rigida austerità onde giudicò fossero tentabili le vie del Signore, per la dolce lettera della «Introduction à la vie dévote», per la forte lettera del «Traité de l'amour de Dieu», per la vivida e insinuante eloquenza onde tante anime, dai perduti laberinti dell'eresia, rapportò vittoriosamente verso la verità e la luce del dogma; e per pressapoco i medesimi titoli Francesco Régis da Fontcouverte, consolatore degli appestati di Tolosa, e in tutta la terra di Linguadoca araldo della Chiesa vera di Cristo contro la bestemmia dell'eresiarca.

Che Paola, e non Roma, fosse la natìa città del pretore, lo dimostra la giusta condanna a L. 100 di ammenda del manganellato ingegnere, a cui concedette per altro «il beneficio della non inscrizione». Baronfo recitò tra sé e sé un atto di contrizione. Quanto alla ricetta del prof. Settanta, mediante quel suo scombiccherato e indecifrato «recipe», il celebre psichiatra gli prescriveva, come prima medicina, le pillole al protojoduro di ferro del dottor Cassia. Di queste pillole, poco alla volta, doveva deglutirne otto scatole: lontano dai pasti: a meno che nel frattempo non fosse guarito. Poi doveva fare dei bagni tèpidi, evitare le emozioni e le congestioni (come quella di quella legnata), contro le quali ultime appunto lavorano i sali jodici, con grande efficacia; e i bruschi mutamenti di temperatura; e non eccitarsi con diatribe politiche o filosofiche; non concorrere a premi letterari; ber pochissimo vino, meno ancora caffè; fumatore non era, benissimo!; e, quel che più conta, doveva per un bel po' di tempo studiarsi di apparire, con le ragazze, un tipo strano, il tipo più platonico e più inconcludente che gli venisse fatto.

Povero ingegnere! Da allora si sentì perduto. «La nevrastenia», diceva passandosi una mano sulla bella fronte, «conseguenza della guerra, del dopoguerra e della crisi degli alloggi». Ma le lingue di seconda scelta dicevano che era conseguenza della legnata, dello choc, e della rabbia assaporata poi in pretura. Le lingue di prima scelta davano invece un'altra versione ancora: secondo loro, «le cause erano complesse».

L'ingegner Baronfo era titolare di una floridissima azienda di rappresentanze, ereditata dal padre, e da lui figlio molto onorevolmente gestita negli anni che si soglion chiamare calamitosi, dopo il Politecnico e dopo la guerra. Secondo una affermazione della sua portinaia, certa signora Dirce, non meglio qualificata, (era però, come lingua, di primissima scelta), egli aveva recentemente «allargato il suo giro d'affari». La signora Dirce sapeva servirsi a tempo e luogo di precise designazioni tecniche. Ma questo allargamento del giro non riguardava il giro finanziario e contabile della ditta, sì i veri e propri giri topografici del veloce ingegnere, che avevan finito per assumere ed osservare un ritmo frenetico. Non era ancor sceso da un direttissimo, che già il suo bagaglio veniva issato con pena su di un altro, già sibilante.

Il suo campo d'affari raggiungeva da tempo amene cittadine dell'Italia Centrale, dove il padre, tenacia e fatica, aveva elaborato anno per anno una «numerosa ed affezionata clientela», che con pari affetto e in numero non minore di adepti soleva accogliere tutti i suoi concorrenti, a ogni sùbita ventata che scompigliasse inopinatamente i listini. Adesso Baronfo aveva preso a spingersi, per gli acquisti, nella Prussia Settentrionale e, per le vendite, in Puglia e in Sicilia: e pare intendesse fino a Malta ed a Tripoli e nel «vicino» Oriente; – ma ci voleva un nuovo passaporto. Egli non osava confessare a se medesimo che forse un motivo altro da quello del lucro poteva avergli suggerito così lunghi, così intensi viaggi, contrariamente ai consueti desiderî delle sue ossa. Gli è che l'anima sospinge talora le povere, stanche ossa, come una crudele fustigatrice: e, da quella simulatrice che è, dice che lo fa a fin di bene.

I treni caldi e stanchi sussultano in corsa agli aghi delli scambi e la mente, che aveva cominciato a dimenticare nel sonno numeri e listini, riscossioni penose, clienti morosi dal sorriso pieno di umiltà dilatoria o di signorilità fallimentare, nuove ordinazioni disbranate dalla concorrenza famelica e fatte, anche quel poco rimasto, iperbolicamente ipotetiche, la mente è ridesta di colpo ad altre e non meno mordenti angustie.

Quali pensieri o sogni cullavano l'ingegner Baronfo ai bruschi urti del fuggente vagone? Forse una lenta neve sulle acute case di Norimberga o di Bruges, un fuoco di tre legni, una tepida moglie, una dolce bimba, dai grandi occhi ammirati, a cui regalasse ogni confetto e ogni bambola bella. Certo è che penose incertezze gli sconquassavano quel focherello.

L'implacabile compagna delle sue notti di riposo gli aveva attribuito, non si sa come, a lui, proprio a lui, quella irrimediabile «gaffe» che ormai aveva preso il nome e la consistenza di Gigetto. Luigi, figlio di Cesare, dicevano gli atti: e questo Cesare era lui, non certo il proconsole antico. Ma proprio lui? Un ingegnere, un calcolatore, un viaggiatore? Ma se passava in treno sei notti su sette, come poteva essergli capitata una storia simile? Eppure Gigetto gli assomigliava ogni giorno di più; se lo prendesse nostalgia della balia, raggiungeva strillando le ultime note del cantino, ma il «volume» era terrificante. Teneva dei Baronfo anche nel carattere, non si poteva non riconoscerlo. Ma sua madre, Emma Renzi, sua madre, non aveva accolto i soli omaggi di un Baronfo, quella strega forsennata! Pellicce, gioielli, cappelli; ingegneri, medici, giureconsulti; scarpini, calze, giarrettiere, colonnelli; ed anche un figlio! Un figlio, povero cristo, ha fame per diciott'anni.

Ai primi denti, le cose presero una piega istero-epilettica. Sposarla non ne volle sapere: piuttosto si sarebbe lasciato revolverare, come nei giornali. Le spaventose scenate con cui

Emma Renzi l'aveva accolto poi a ogni nuovo dente che Gigetto mettesse (quaranta coinquiline alla finestra, in ascolto) avevano avuto per lui ripercussioni un po' dure, ma era il minore de' mali, sulla scelta degli alberghi, degli antipasti, dei piatti, dei vini, delle pesche, cadauna lire quattro, susina uno e venti, dei sarti, dei posti a teatro. Ma si erano ripercosse altresì sulle sue opinioni circa «l'ignobile materialismo degli psicologi contemporanei». Il dubbio atroce che l'anima fosse daddovero tutt'uno con il sistema nervoso, filtratogli sottilmente nell'ossa, cominciò ad ossederlo. Allora, per allontanar questo spettro, finì per spendere altre duemila lire in bagni, visite mediche e sciroppi ricostituenti, ingombrando la casa d'una collezione inverosimile di bottiglie, bottigliette, scatole, fiale, bòssoli e fialette, che non ardì più di gettare, nella tema di perder di vista qualche medicamento più efficace degli altri. Qualche volta, dominato dall'idea che «più ne prendo e più mi fa bene», prendeva delle indigestioni impressionanti, a base di fòsforo o di ferro o d'arsenico, o di tutt'e tre insieme, e solo una energica purga e una dieta di allesso poteva controbilanciare l'effetto di quei potenti energetici. E finì anche, come dicemmo, per ottemperare nel modo più assoluto ai suggerimenti di un quinto o sesto neurologo specialista, questo qui però di Milano, che, per sole cinquanta lire, lo esortò «a distrarsi, a viaggiare (sic), e a non permettere che le idee lugubri gli entrassero a sua insaputa nel cervello, il quale aveva indubbiamente bisogno di serenità e di riposo». Per soprannumero gli rifece poi in senso inverso l'apologo di Menenio Agrippa: che il cervello non deve voler tutto per sé, ma anche l'intestino, e il fegato col relativo cistifèle, e le gambe ed i piedi e i polmoni e il filone della schiena han pur diritto a un certo qual trattamento. Al qual conclusivo epifonema, sinceramente plaudiamo.

Quando finalmente si ammalò davvero, l'ingegner Baronfo cominciò a trovar che la vita non vale la fatica di viverla, la vita, ch'è «l'ombra d'un sogno fuggente», secondo il parere di un trovatore fenomenalista: e lo «spirito» solo è quello che conta. E a furia di pensare allo spirito, s'era dato a riaprire certi libri vecchi e dimenticati da tempo, che negli anni di giovinezza eran passati sul suo tavolino e qualche non ignobile pensiero avevano acceso dentro la sua inquietissima anima. E di pensiero in pensiero, anche per certa dimestichezza di persone assai colte, per certa frequenza d'un cenacolo di «cerebrali», e per l'amicizia viva e la stima che professava a un compagno di liceo, laureatosi in filosofia e in filologia, gli era venuta la grama idea di levarsi dagli affari e dai treni, dai «soliti» alberghi e dall'«ampio e ben illuminato» ufficio: e di mandare l'affezionata clientela a carte quarantotto. E di dedicar la sua vita al pensiero, allo «spirito»: e di incamminarsi, non osava confessarlo, per una via seminata di spine: la via dei filosofi. La tendenza a rivangare e criticare ogni cosa ce l'aveva sempre avuta: piantava poi a metà lavoro la vanga nella indocile terra, lasciando che la sterpaglia seguitasse a viver nel sole. Vivere e lasciar vivere, sogghignava.

Ma poi era anche che il mondo del dopoguerra gli pareva troppo sciatto, troppo volgare, troppo dominato dal caffè-concerto e dai rivenditori di motociclette, troppo popolato d'asini in tocco e di villani indomenicati: con analfabetissime donne, sazie d'ogni cibo, sdraiate nelle fanfaronesche automobili de' spaccamonti falliti.

Ma certo erano le fisime della nevrastenia. Tutto era per lui ombra o tortura. Il grammofono «gli demoliva i nervi»; il mandolino gli strappava concitate apostrofi contro «la civiltà Mediterranea» e, subito dopo, la veemente e circostanziata asserzione della preminenza morale della razza eschimese, che non lo suona; il piano degli *steps* e delle barcarole... era un serrar di mascelle che una stretta eguale non la producono gli strìcnidi e il tètano; i cani, quando abbaiano a ogni più futile caso, li avrebbe remunerati versando loro con un imbuto del burro fritto e ben rosolato nelle orecchie; e ai loro padroni nell'umbilico; mentre invece la cattiva sintassi e l'enfasi spropositata di alcuni concittadini gli eran cagione d'oscuramenti, di vertigine e d'agorafobia; e le prodezze de' nuovi architetti gli davano il giallo dell'itterizia. Certi imparaticci poi, recitati a gran voce dai concionanti droghieri, improvvisatisi economisti della nuova Europa, gli parevano indegni d'un venditore ambulante di fazzoletti. Prese ad odiare Puccini, Leoncavallo e Mascagni, che l'Italia ed il mondo universo salutavano coi nomi della gloria. Sognava falò accesi da cataste di mandolini: e di coronare imperatore d'Occidente un samojedo sordo.

E odiò anche, d'un odio cupo, senza sapere chi fosse, Giambattista Pedrazzini, al di cui nome era intitolata la via, dove abitava: e dove c'erano tutti insieme grammofoni e mandolini, maschietti urlanti a rincorrersi e serve discinte e padrone poco cognite di storia della filosofia, e automobili di pervenuti e beccai e droghieri e sparanti motociclette e cani e cagnette e lattai.

Così, un po' per la salute e un po' per questa manìa filosofica, aveva ceduto l'azienda a chi non aspettava di meglio e s'era, come dicono, ritirato, a trentaquattr'anni. Aveva di che vivere: avrebbe fatto studiare Gigetto, il più era levarlo da quelle granfie. E studiava filosofia. De' suoi malanni si consolava rammemorando la gracile giovinezza di Cartesio e la tubercolosi che rapì Spinoza quarantacinquenne all'affetto de' rabbini, e alla cristiana benevolenza di tutti i dottori di tutte le confessioni cristiane.

Non sempre però gli pareva di trovar in sé la fede e la forza per tirar avanti in quella desolata strada: «e se fosse un'invenzione de' preti?», si chiedeva l'Innominato, del misterioso al di là, nel buio castello; «e se fosse un'invenzione de' filosofi?», si chiedeva del mondo l'ingegner Baronfo, atterrito, in Via Giambattista Pedrazzini N. 28, piano terzo, mentre il grammofono d'un coinquilino, «dai cieli bigi», gli demoliva in pochi giri tutto il castello de' beneficî lentamente accumulati a furia di protojoduro. E intanto l'azienda l'aveva liquidata; e altri tettavano.

105

Allora, guardate un po', pensava di esser lui la colpa di tutto, e non la «civiltà Mediterranea»; lui l'abulico, lui l'asino; con una vita che gli si dissolveva, per così dire, fra mano, con una vita senza capo né coda. Pensava allora alla rivoltella, dov'era, se era carica, scarica: e, per associazione, al porto d'arme, al rinnovo, ai bolli, alla questura, al pretore, alla legnata... a quel... giovanotto. (Non osava più dire, neanche tra sé, «quel calabrese», per paura che il Padreterno lo sentisse e ne riferisse al titolare). E riconosceva, preso dai brividi dell'umiltà, d'aver avuto torto: torto marcio. Non bisogna aver dispregio a nessuno, ché cui oggi si dispregia, domani è più alto di noi.

Eppure sentiva di non essere un pusillanime. Le medaglie, le ferite. Era la bontà personificata: ecco. Un po' acre talora, ma galantuomo. Un po' di malumore, un po' distratto, come capiva poi in ritardo da certe irrimediabili *gaffes*; ma era la nevrastenia! Queste crisi di impersonalismo o di inelezione, come amava di definirle, lo coglievano talora tra un filosofo e l'altro, quando la zuppa era più tremenda o più grama.

Seguiamo un po', con la coda dell'occhio, l'egregio ingegnere nelle sue letture pazienti e ce ne spiegheremo forse il perché. Alcuni dì prima di quello che ci interessa, aveva tra mano un vecchio *bouquin* pescato a Parigi, non so in che lungosenna, dove si diceva, da uno speciale punto di vista, di uno speciale momento del pensiero inglese. (Con un suo linguaggio «antistorico» e settecentesco il libro diceva: «du sentiment de certains philosophes anglois»). Fra gli altri era tirato in ballo certo signor Ismaele Digbens, citato con gran segni di rispetto dal garbatissimo autore, che lo chiamava alternativamente: «l'illustre écrivain anglois» e «Messire le Chevalier de Chelmsford». E c'era anche una vignetta ingiallita e maculata di ruggine, e altre belle calcografie a ogni capitolo, con parrucche e pizzi e spadini e settecenteschi polpacci; ed era stampato «à Paris, – Chez Barthelemy Alix, Libraire, – ruë S. Jacques, près la Fontaine – St. Severin, au Griffon – MDCCXXXVII – Avec Privilège du Roi». E sentiva di vecchio, e d'antico torchio ed inchiostri, quell'odorino così caro ai raccoglitori e a lui stesso, Baronfo, ché non era odor d'asini né di roboanti saputi, ma di vecchia e nobile e garbata e privilegiata cosa.

Il cavalier Digbens, in quella settecentesca vignetta, appariva un po' allampanato: con dei *nicker-bocker*: con polpacci secchi, ma delineati: con due scarpe a fibbia, che somigliavano due caravelle: con un giacchettino fronzuto di pizzi, come un'insalatina: con un libro in mano; e una enorme parrucca, ricciolutissima, a scriminatura centrale: e sotto quella pèrgola della parrucca un viso magro e lungo: dove i minutissimi occhi e il naso aquilino, affilato, conchiudevano insomma a una faccia di «écrivain illustre», abbastanza rara nel suo genere.

Egli fu però un benemerito della filosofia (dogmatica) e più specialmente di quel ramo di essa chiamato settecentescamente pneumatologia o pneumatica, ovverosia scienza dell'anima.[3] Era benemerito altresì della fisiologia e della fisica. Contro il «lockiano» Burner, accumulò dodici prove dell'esistenza di Dio, che suddivise in tre gruppi: quattro chiamò metafisiche, quattro fisiche, e quattro miste. Queste prove operarono come catapulte contro il castello di falsi sillogismi dell'ateista Burner, che, dedito a una vita disordinatissima, morì poco dopo a Parigi.

Inoltre aveva dimostrato che le bestie non posseggono ragione, salvo in alcuni casi specialissimi: ma allora si tratta di una ragione imperfetta, di una ragione di seconda qualità.

Nella Fisica si era distinto con meditazioni originali e memorie, e sopratutto col sostenere, contro Democrito, contro Epicuro, contro Gassendi, che esistono anche degli atomi in istato di quiete: credeva ad esempio che il ghiaccio e le sostanze gelate in genere fossero costituite da atomi così tranquilli.

Tali opinioni, per altro, furono violentemente combattute da Samuele Beatty, vescovo anglicano di Norvich, il quale, non si sa perché, le giudicava egualmente esiziali alla fede cristiana e al progresso delle scienze.

Inoltre ammetteva che esistessero regioni dello spazio vuote di materia, ossia insostanziali. Tale doveva essere, ad esempio, lo spazio interposto fra il sistema planetario solare e le stelle fisse. Invece il cervello dei minorati, degli idioti nati e dei morti senza battesimo era un pieno o sostanza, ma scarsamente dotato di attitudini modali, sicché poteva talora paragonarsi al vuoto.

L'anima concepiva come un essere o sostanza semplice: e perciò piena in quanto sostanza, e, benché semplice, purtuttavia capace di differenziazioni, allorché fosse a ciò sollecitata da parte dei sensi: e qui Samuele Beatty vedeva le catastrofiche conseguenze del più pernicioso sensismo, «dont les amphibolies captieuses et les pitoyables paralogismes avaient pu égarer jusqu'à un philosophe de si bons sentiments, tel que Messire de Chelmsford».

Le differenziazioni dell'anima potevano essere benigne o maligne. Le prime conducevano alla salute eterna, le altre all'eterno raffreddore.

La preghiera aveva, secondo lui, efficacia di favorire le differenziazioni benigne e di allontanare le maligne. Le bestie come prive di ragione, i sensi in esse funzionavano quali piccoli proprietari esenti da decime, quale classe artigianizia franca, onninamente libera da obblighi di vassallaggio. In compenso le bestie non avevano la gioia, che ha l'uomo, di assaporare almeno di quando in quando il trionfo della virtù, poiché erano incapaci di distinguerla dal vizio, essendoché appunto la loro anima non solo non poteva differenziarsi né in bene, né in male, ma non esisteva neppure. «Ma allora cosa stai a menare il can per l'aia...» venne pensato all'ingegner Baronfo. Erano esse inoltre destituite del sentimento del dovere (officium) e di quello del pudore (pudor), che nell'uomo, quest'ultimo, è innato. I casi che nell'uomo sembrerebbero testimoniar del contrario, avvicinando la discendenza di Adamo ai più popolari quadrupedi, erano da lui considerati come eccezioni, dovute a un influsso abnorme dei sensi sull'anima, a uno squilibrio pneumatico tra il vuoto e il pieno, oltreché a eventuale prolungata negligenza delle pratiche della pietà. Allora l'uomo si adegua alla condotta delle bestie e compromette irreparabilmente la salute.

Essendogli stato riferito che sir William Cudoss, in uno de' suoi lunghissimi viaggi attraverso paesi inesplorati, s'era imbattuto una sera nella statua equestre di Napoleone III e, subito dopo, in due persone di sesso diverso: e queste, colte da sir Cudoss in atteggiamento a tutta prima un po' difficile da definirsi, avevano seguitato ad accudire all'opera della natura senza manifestare veruna perplessità né dar segno altro di verecondia veruna, il Digbens osservò, con molta acutezza psicologica e con fine senso storico ed esegetico, che tuttociò poteva dipendere, oltreché dall'aver que' due scambiato sir William Cudoss per un passante qualunque, dall'inosservanza del principio d'autorità e dalla «inscitia divinarum rerum», da che certi popoli son condotti a negligere, insieme con esse cose, i veri fondamenti dell'Etica e della Pneumatica.

(Questi popoli, per effetto della loro inconsistente superficialità, permettono in ogni angolo che germoglino i più abracadabranti sofismi, e finiscono per confondere e per mescolare a ogni piè sospinto nelle cose private il pieno col vuoto e nelle pubbliche il vuoto col pieno).

Il cavalier Digbens morì nel 1722 e fu sepolto con grandi onori. Il libriccino riferiva poi altre notizie, di capitale importanza. E cioè come presso la sua tomba, nella cappella dell'avito maniero, gli fosse eretto un primo monumento: abbellito in seguito da una statua della Fisica, a destra, e da una della Filosofia, a sinistra, entrambe ginocchioni e in atto di spander lagrime sull'urna di lui. Tutt'e due avevano le chiome raccolte in un'acconciatura piena di grazia e di austerità ad un tempo. Sulla tomba, a cura dei discepoli e degli estimatori, venne inscritto un epitaffio latino micamal lungo, la cui testata suonava: «Ismaeli Digbensosio – Tum physicorum sic item metaphysicorum disciplina – Viro insigni...» La di lui vedova ebbe l'usufrutto di tutti i suoi beni, e alcune delle molte cariche di cui vivente egli era stato insignito le apportarono altresì una pensione globale di 163 ghinee.

Ella morì settuagenaria nel 1730, dopo aver dato alle stampe un trattatello sulla vita vedovile, che in brevissimo giro di tempo ebbe l'onore di tre versioni latine: «De vidua» del 1726; «De viduarum solacio» del 1727; e «De canonibus auxiliisque decem quibus viduarum dolor continetur» del 1729.

Ciò posto, non recherà meraviglia il sentire che, al leggere nel «Corriere della Sera» del 9 giugno 1922 una inserzione così concepita: «Collezione opere storiche filosofiche, rarità, cedesi. Occasionissima. Corsera 144 L», l'ingegner Baronfo fosse preso prima dalle voglie, poi dalle svoglie, o abulìa, poi dalla gola dell'occasione e delle rarità, poi dal sospetto che solo a trasportarli, quei libri, ci sarebbe voluto Gondrand e che chissà che polvere e che tanfo e che tarme ne venivan fuori; e a furia di sì e di no (la nevrastenia mescolata con la filosofia) scrisse, impostò, poi dubitò d'aver dimenticato il francobollo, poi se ne ricordò, poi si pentì e poi si racconsolò: e poi si pentì e si racconsolò ancora cinque o sei volte: finché arrivò la risposta, con il nome e il recapito dell'offerente: certo Coen. «Della progenie di Spinoza», pensò l'ingegnere, con un moto di simpatia per il gran derelitto. La sera dopo il Coen lo portò da un sacerdote cattolico, teologo e professore di lettere: e due sere dopo andarono tutti e tre in una casa patrizia, e furono ricevuti dal padron di casa con amabile signorilità.

Il discorso risultò abbastanza lunghetto e anche piuttosto complicatuccio, essendoché fu questione, per l'ospite, di dissertare col bel garbo circa i temi seguenti: 1°. Come nessuno di sua famiglia avesse mai dato via nulla: «alienato, ceduto» diceva, per non dire la bruttissima parola «venduto». – 2°. Come non sempre i marchesi Ripamonti si fossero tirati in casa della roba degna d'entrarci. – 3°. Come ciò fosse per altro imputabile a calamità de' tempi, avanti che non a nequizia delle persone. – 4°. Come, (ed ecco veniva il difficile, dovendosi lavorar di timone fra Coen e l'ignoto visitatore), come

110

certi germini non fossero per anco sopiti nei cuori de' fanatici, né cancellati dalla travagliata storia del mondo; ma i perduti sognavano, volevano il fuoco sotto la cenere, auspicando l'albe livide che divampi a' novissimi incendi, per i novissimi lutti: ed era obbligo di ogni padre cristiano attendere invigilando a che le tenere anime, quanto più facili a smarrirsi in investigare e sognare, tanto più fermamente sien rattenute, sul margine de' paurosi abissi. – 5°. Com'egli avesse accolto il suggerimento del prof. Don Zaccaria Eusebi, illuminato teologo, patriota fervente; (e gli rivolse un breve, signorile sorriso); il quale Don Zaccaria aveva dimostrato a lui e alla marchesa sua moglie quanto convenisse di purgare la ricca biblioteca dei maggiori da tutte quell'opere che, pur attestando non comune l'ingegno de' scrittori loro, troppo si dilontanavano tuttavia dallo spirito e dagli ideali della vera scienza; la quale deve essere presidio dell'idea religiosa, e non ostacolo al suo trionfo; (e citò il nome d'alcuni amici, come l'illustre avvocato Pertusella, che erano dello stesso parere). – 6°. Aveva quindi deciso di alienare quell'opere. – 7°. Le avrebbe cedute gratis o anche distrutte o mandate a riempir le molazze d'alcuna cartiera; ma Don Zaccaria lo aveva fatto accorto esser elleno convertibili «in altrettanto pane pei poveri». – 8°. Aveva dunque officiato il signor Coen, studioso d'antichità rare e innamorato raccoglitore d'ogni maniera di libri e di quadri, a funger da arbitro nell'atto d'una eventuale «cessione», benché il Darwin e lo Haeckel, il Mill e lo Spencer non fossero purtroppo così antichi, né così dimenticati, come meritavano d'essere. – 9°. Si rimetteva all'equità del prefato signor Coen e del signor ingegnere Baronfo, quando con tutto lor comodo avessero esaminato i volumi, per lo stabilimento d'un prezzo globale.

Intanto Baronfo, sotto l'influsso di reminiscenze casistiche, era caduto preda d'una «quaestio» angosciosa: «Se un cristiano, per far del bene ai poveri, possa rifilare a un altro cristiano i libri e le suppellettili del demonio, purgandone sé medesimo e la propria sua casa».

111

Quei libri, (disse l'ospite concludendo), una esigua parte della biblioteca di famiglia, troppo ingombravano certa sala di un suo «castello», che sorgeva al limitare d'una sua tenuta: qualche volta gli scappò detto «feudo». Ma il castello non distava da Milano che una trentina di chilometri: con la macchina quaranta minuti. – L'ingegnere doveva vederli. Si trattava d'una collezione abbastanza organica di opere filosofiche e di scienze naturali del periodo evoluzionistico e positivistico; e d'altre d'economia, di sociologia e di storia dello stesso sciagurato periodo.

Dopo ventilati dei prezzi possibili, Coen se ne andò. Rimasero il sacerdote e l'ingegner Baronfo, che l'ospite cortesemente trattenne. Quel giovane, così alto, così distinto, così colto, gli andava a genio. Lo richiese garbatamente della sua vita e, saputolo, non che ingegnere, filosofo, non poté a meno d'invitarlo, con molta amabilità, a vedere la casa.

Erano delle sale stupende, rimaste alcune nel modo del più sobrio seicento lombardo, con soppalco a cassettone di legno dipinto, o con volta affrescata. Altre rimaneggiate e ridipinte, con gran voli e tiepoleschi svolazzi di veli e di panni e di più o men tiepolesche matrone, la Sapienza, la Fortezza, la Temperanza, la Giustizia, delle quali, dal sotto in su, si ammiravano per prima cosa le piante de' piedi e fenomenali pòllici, o alluci che siano: e questo fu negli anni della graziosa Imperatrice e Regina Maria Theresia, che instituì un primo ed esatto catasto della verde pianura.

Ed altre sale poi anche: dopo la fervida e magnificente tristezza del seicentesco lombardo, dopo la blanda serenità giuseppina, quasi desolate in certo lor vuoto freddo: con esigue mensole e dorature metalliche di smilze ghirlande, e colonnine con capitello cubico dalla cornicetta in bronzo dorato, a spigoli vivi e a vertice pungente; e specchiere alte, di luce fredda e fastosa, che sentivano il cerimoniale imposto e ricordavano alamari e colbacchi e sciabole e bande e stelle, di generali e di viceré, più o men cisalpini od italici.

Era la cèlere gente di Montenotte, Millesimo e Lodi, e poi di Arcole, e poi di Rivoli; quando il futuro Duca di Rivoli, principe di Essling e Maresciallo di Francia, entrò il primo dall'arco di porta Lodi con la vanguardia liberatrice de' suoi trafelati e infangati battaglioni: e quando il bianco Viceré aveva corte a Milano, a metà strada fra Marengo e la Beresina. Rivivevano in quelle sale gli anni movimentati, i giorni di Massena e del Foscolo, rapida gloria, rapida gioia; che all'incedere della splendida amica, più maravigliosa e più bianca della dea anadiomène, e, come la dea, diademata di cammei neoclassici, i garzoni oblïavan le danze; e in novelli pianti vegliavano trepide madri ed amanti oltremodo sospettose; ed era fiamma e fulgida gloria ciò che di poi apparve silenzio e tenebra, nei regni dell'Eterno. «Di qui son passati i liberatori!», era scritto in quel vuoto; poi, tra parentesi: «e le argenterie e le posate e le tele e le stoffe, chi le ha viste le ha viste».

E da un ultimo e più raccolto salotto giungevano le ultime dolci note dell'Allegretto e Marcia della giovenile serenata in re maggiore, opus 8, quasi un mozartiano divertimento, ma con un grido più alto di giovinezza e più pieno, e un anelito verso il mistero, nella dolce notte. Questo trio fu conosciuto nel 1797 e l'autore era quello, certamente un po' bisbetico, che aveva furiosamente lacerato l'indirizzo di un'altra e più eroica sua marcia, già dedicata al Liberatore.

Dalli aperti balconi cadevano e traboccavano le glicine folte: e stelle infinite ed eterne erano, nella cava fonda del cielo della Italia. Di là dal silente Naviglio tacitamente trasvola in bicicletta una elegante e traditrice coppia di guardie municipali, ma senza fanale: e i penduli globi elettrici hanno satelliti di farfalloni mentecatti d'amore, che tempestano turgidi il vetro; e «le ombre» bisogna tenerle d'occhio e fugarle con ogni mezzo, con guardie, con fari, specie ne' dintorni della statua equestre di Napoleone III, o lunghesso le allineate de' secolari ippocàstani, nei pariniani e foscoliani Boschetti.

IV

Mi riferisco sempre al 1922.

Verso gli ultimi di luglio, la notte avanti Sant'Anna, mi sembra, fra le undici e mezzanotte, che anche lo stradale di Magenta è deserto, un'automobile s'era incastrata di traverso, fari accesi, quasi per una sosta di fortuna: non ricordo il punto preciso, ma è un sito dove la massicciata dev'esser più angusta che altrove: al sopraggiungere d'un'altra macchina, che a stento fu evitato un disastro, il guidatore di quest'altra già bestemmiava per la frenata e la strisciata pazzesca, e le due dame di dietro si sporsero dopo un po' di batticuore, come a chieder notizie. Ma capirono subito tutti e tre che non era questione di proteste né di cortesi premure.

Al lume perso de' fari, cinque rivoltelle spianate, cinque brigantesche bautte, fatte di cinque fazzoletti annodati e di cinque berretti da ciclista rincalcati alla lazzerona: due svenimenti: al giovinotto una revolverata: fra gioielli, denaro e roba di seta, quarantamila lire di bottino.

Due giorni prima, il contabile d'un grosso stabilimento di Busto Arsizio era stato fregato allo stesso modo, tornando da Milano in macchina con le paghe di fine mese: si vede che erano pratici: e due giorni dopo, a Castellanza, avevano svaligiato una villa un po' fuori di mano, alle tre di notte, con tre coltellate al custode che lo avevano pescato nel sonno ma, siccome era uno tracagnotto,[4] aveva «cercato di reagire». Fatti del genere si ripetevano già da qualche tempo, un po' per tutta la provincia, oggi qui e doman là. Le stazioni di polizia del territorio di Abbiategrasso, Vittuone e Magenta erano state rafforzate di contingenti ausiliari e la Tenenza di Abbiategrasso aveva preso, almeno si sperava, misure energiche. Mentre le indagini fervevano nel polipaio centrale e ne' minori polipai disseminati fra l'Adda e il Ticino, la campagna e le strade eran battute, specie nottetempo, da pattuglie di inesorabili carabinieri.

Una sera pareva che al Castelletto, con i sibili dell'uragano, fosse entrata ogni ombra e ogni antica paura. Maria e l'ingegner Baronfo non si vedevano più di ritorno. Erano usciti, quasi un pellegrinaggio, nell'intento di visitare la tomba di Camnago, la piccola e neoclassica rotonda in che furono adagiate le spoglie del grande comasco: e poi la filosofica tomba di Stresa, dove quelle dell'insigne roveretano: ed è sul più ampio lago e nelle amenissime rive, dominio che fu della gente di Carlo e di Federigo. I due ragazzi eran soli: eran le nove e dovevan rientrare alle sei! Ed era venuto un tempo, l'ira di Dio... Ma l'idea dell'automobile fantasma ossedeva già tutti e la solitudine versa ne' cuori una più cupa angoscia. Poi si davan conforto pensando: c'erano i muri e il fossato e la torre e la merlatura e più d'una feritoia ne' vecchi muri inchiavardati di ferro, speronati di serizzo, con ciuffi di cadenti e dondolanti erbe nel vento. Prima di svaligiare il castello e assassinar tutti quanti, dovevan far conto con Domenico, che certi fringuelli una volta su cento non li mancava, e con i suoi figli, che neppur loro non eran poi guerci. E poi c'erano Antonio, il meccanico, il cuoco e, in caso di bisogno, anche il marchese avrebbe data una mano.

Ma ciò che aveva messo tutti in orgasmo ed in chiacchiere, e i signori in angustia ed in pena, era che proprio verso le sei, sotto l'imperversare dell'acqua, un'automobile avea sostato all'entrata del parco: (due seicenteschi paracarri, una massiccia catena, una rotonda di platani: e da presso la casina del custode). E il guidatore, un giovinastro con un berretto, proprio, aveva dimandato se c'era un ingegnere al Castello, e chi c'era, e se era solo, se era via, se tornava, quando tornava. Poi quel motore, fra tuono e tuono, fra ràffica e ràffica, s'era udito ronzare tutta la sera, verso Vittuone, verso Boffalora, verso Turbìgo: pareva potesse volare da una strada all'altra, con ali notturne, come gli spiriti dell'Abisso. E la portinaia aveva detto ogni cosa, un'oca eguale è difficile trovarla. E che l'ingegnere tornava alle sei con la macchina. Una vera oca.

Dopo le otto, con rotolare degli ultimi tuoni, le chiome nere della tempesta diademata di fólgori si smarrivano di là dai lontani salci e dai pioppi, verso grecale: forse, mollato un attimo il pargolo, la bustrofèdica vipera di Bernabò ebbe morso le torme de' sibilanti venti a' garretti.

Sopra gli spalti, muraglie nere, della Dufour, i fuochi del giorno ultimo, l'oro liquido, il croco e sogni di alivoli cirri. Valicato il Ticino, quel fulgore accese nel ducato ogni torre più rossa e le lucide e tremule, tergiversanti foglie dei pioppi, bagnate. Di sotto il legno della cara grondaia era con mille stridi acutissimi uscita la rondine: dai vertici de' tetti garrendo e dalla rapida luce, saettàvano gli spalti de' fossati cupi, e, risórtene, sfiorano gli alti fastigi: e ridiscese sbandano sùbite, accorte in esimersi da ogni danno d'investimenti, poi che, promanata dagli archi e dagli anditi, già l'ombra accoglie il volo claustrale del pipistrello, ombra nell'ombra.

Tre carabinieri si presentarono alla casina dell'entrata: il brigadiere impose il coprifuoco ai famigli ed a tutti: moschetti carichi, si appostarono dentro la macchia degli olmi, fra lo stradale ed il parco, o chissà diavolo dove. Tutto questo finì per inquietar tanto la mamma e farla tanto piangere: (forse era malata). Aveva voluto scendere alla casina, con Antonio, sotto lo stillare de' paurosi alberi, aggrovigliate radici e fragore sopravvenente, col vento. E voleva adesso cercare il brigadiere per dirgli che c'erano fuori i ragazzi, facesse attenzione, non sparassero, per amor di Dio: quella de' ragazzi era una macchina verde, un rombo forte.

«Signora Marchesa, non pianga», diceva l'Elisa, la portinaia: «è la Madonna di San Carlo, che ci manda i carabinieri.
Con questi non c'è più brigante che possa...»

«Non capite, Elisa; come al solito, non capite niente...»
disse, con insolita asprezza, la povera mamma.

Una lieve nebbia esalava dal Ticino.

Ecco com'erano andate le cose.

I libri de' positivisti l'ingegner Baronfo li aveva ormai tra-
vasati tutti in Via Pedrazzini N. 28, stando madama Dirce con
la scopa tra mano a rimirarlo ferma, dall'alto del pianerottolo,
(mentr'egli saliva sudato e ridiscendeva, guida ai facchini), e il
viso atteggiando a una gelida e sprezzante commiserazione:
«Ecco come l'han ridotto! Basta che non sprofondi la casa!» (I
facchini curvi, sotto il peso delle casse, lentamente salivano).

Ne' giorni subito dopo il trasferimento il grammofono dei
coinquilini foggesi, esacerbato forse dal luglio torrido, era stato preso da tale accesso di mediterraneomanìa, che ai cieli bigi
s'erano aggiunti il ridi pagliaccio, e il bada Santuzza: e, in su-
bordine, la gelida manina e il fildifumo: per lasciare d'alcuni
altri gargarismi poco decifrabili e belati di caprone dimolto
truci, fuor dal di cui sibilante e agglutinato groviglio Baronfo
arrivò stentatamente ad estrarre qualche sprazzo balsamico di
marechiare, di pisce, e di scétate. Chiamò l'anima di Paisiello:
intercedesse per i suoi poveri (diceva) nervi appiè il trono del-
l'Altissimo. Ma l'invocazione fu vana.

Sicché fu costretto ad abbandonare Messire le Chevalier de
Chelmsford e gli altri della filosofica famiglia: e decise perfe-
zionar la cura del protojoduro con un mesetto di plausibile riposo. Sebbene un settimo neurologo gli avesse prescritto l'alta
montagna, i duemila, adattatissima nel caso suo, ove era solo
questione d'un passeggero deperimento e solo bisognava «dare una frustatina ai nervi per ricondurli al giusto lor tono»
(questo saggio cosiglio non costò più di lire sessanta), – l'ingegner Baronfo incappò invece nei dintorni di Boffalora, sulle
rive del Naviglio Grande: in un sito che tanto le carte al 25 al

50 e al 100.000 dell'I.G.M., quanto quelle al 250.000 del T.C.I. attestano con impressionante concordia levarsi a 146 metri sulla superficie marina. Sgomberato il cervello «dalle idee lugubri che lo ossedevano», avrebbe con più salda tempra riprese le vie dello spirito e della profonda meditazione, e tirata definitivamente la cinghia. Maria in que' mesi aveva finito per seguire un po' i concitati consigli di mademoiselle Delanay, un'amica di Rouen che i genitori solerti le avevan messo alle costole per la «saison» del Castelletto e di Boffalora, svanito ormai l'avvocato Pertusella.

Questa Delanay, una ragazza non eccessivamente francese, piena di falsa vivacità e dipinta come un piroscafo nuovo, aveva vissuto alcuni anni in America, non so bene se del Nord o del Sud o del Centro, ma credo del Centro: ed era riuscita a instillare nell'animo di Maria non dirò la persuasione, ma il dubbio, primo: che, qual si disegni la trama della, come dicono, vita nell'ordito del nostro dolore, è conveniente per ogni ragazza di trovare un marito: secondo, che il marito non lo si trova, se una non suona il piano, – ma un piano facile, da star allegri, – se una non parla il francese o almeno (così graduava) l'inglese, e se non dipinge. «Che cosa?» disse Maria. «Frutta, animali...» E poi, sopratutto, bisogna «guidare».

«Somme toute, il faut s'américaniser». Ecco enunciata in un sol motto, secondo l'americanina di Rouen, la definizione sintesi di queste quattro nuove arti del moderno quadrivio. L'America, ecco la decima Musa. Appendice: «La femme italienne est insipide». M.lle Delanay aveva un suo abito, una meraviglia, da ricordare le allineate de' verdi banani e il folto dei sontuosi, spagnoleschi ananassi, ne' tramonti rossi della Giamaica. Siccome il luglio di Boffalora richiama facilmente l'idea delle Antille e del sovrastante Cancro, quell'abito volle ad ogni costo farlo indossare a Maria. Maria non sapeva più come sedersi.

E poi bisognava esser vivaci, ardite, «spregiudicate», buttar a mare tutti li scrupoli rancidi «de l'Europe au cerveau ré-

tréci»; e poi fumare, saltare, cantare, tracannar cicchetti da
cocchiere senza batter ciglio, sedersi su tutti i tavoli,[5] mandar
all'aria le gambe, in una parola «exubérer». «C'est la femme
du nouveau monde, voilà tout: chez vous on est des marmot-
tes». I tavoli di Lombardia si prestano molto malvolentieri a
sedercisi sopra, essendoché da Legnano a Magenta han sempre trasudato buonsenso da tutti i pori della pelle, come dices-
sero che per sedersi c'è fior di cadrèghe:[6] e alle ragazze un po'
nostrane l'alcool etilico così nudo e crudo le fa tossire, starnu-
tare e strabuzzar gli occhi e venir lagrimoni, che paiono le
gocce stupende del mare. Certo è che Maria a questi funam-
bolismi non ci arrivò. Piano e pittura, come accennammo con
certi nostri tocchi sapienti, «si arrangiava», quanto un'americana, e fors'anco un po' più. Per quel che concerne il guidare,
già la macchina la sapeva condurre: «Mais veux-tu donc nous
catastrophiser?», diceva l'amica all'incontro di certi carretti,
guidati dagli addormentati.

«Prese la patente», questo sì. E non disdegnò di portarsi
insieme qualche volta il «malade imaginaire» o finto convale-
scente che fosse, a prendere una boccata d'aria sui laghi, un
po' più su di Boffalora, oltre Sesto Calende o la Casa Merlata,
e fino alla filosofica tomba di Antonio Rosmini; e a depositare
poche centinaia di franchi nelle mani ducali del più spleeniti-
co de' quattordici camerieri meditabondi, i di cui quattordici
e sincroni inchini, nel deserto[7] e specchiante salone del
«Grand Hôtel et des Iles Borromées», accompagnarono l'entrata e l'uscita della signorile coppia: e parvero a Baronfo un
po' leziosi e certamente superflui.

Non sempre, ma spesso, la Delanay riuscivano a seminarla.
«Mi par già d'essere un altro!», mormorò a Lesa l'ingegnere, con un tremito, diciamo così, di gratitudine nella voce,
mentre filavano a tutt'andare in riva dello splendido lago.

Di là dalle rocce dorate e basse di Santa Caterina del Miracolo, lontani cumuli e fólgori erano sopra il Comasco, ed altri
verso il buio Ticino.

119

«È la campagna, è il riposo», disse dolcemente Maria. Maria aveva sui pedali delle splendide gambe, (molto migliori di quelle del cavalier Digbens), in cui si riflettevano per rapidi e nervosi moti al pedale gli avvenimenti della celere corsa. L'abito lieve ch'ella aveva amato indossare, sotto lo spolverino aperto, mise all'ingegnere de' brividi strani... ogni cosa vanirà, certo, ma sia versato nel cuore un sorso della celere gioia.

Capelli castanei, quasi ramati, sfuggivano alla stretta del casco e il vento di corsa li gelava sopra la fronte e la gota, o voleva strappare e portarne a qualche lontano una ciocca: e al viso pallido davano ne' moti ombre diverse, come celeri, fuggenti pensieri. In quel viso aveva il vano protendersi della memoria già radunato i segni di lontananze strane: ma pareva a tratti riessere e coordinare con tocchi subiti allora a sua posta i sciocchi frammenti in che va dissolta la presunzione della continuità, rinucleandone più puri enigmi.

Oh! Ella doveva essere certo, pensò il compagno, la nipote d'un uomo dedito a funeste letture! La teorica delle alternazioni, forse, era la verità. Dopo tutto, anche il positivismo di suo nonno fu religione, ché malafede soltanto non è religione, e ancor meno il rubare. Il padre, lo si capiva, doveva essersi dato una bella fatica a poterla sorreggere, «sul margine de' paurosi abissi» ideologici. Ma verso i confini del male quel viso palesava sicuro il dominio: da poi che Dio è nel suo disegnare pensoso artefice e sì oscuramente profondo, che anche il pallido viso della nipotina d'un darwiniano può adombrarne il perenne, imperscrutabile essere.

«A lei, ingegnere, che è stato in America, piaceranno le ragazze all'americana...», diceva sommessamente Maria schivando a settanta un carretto di verdi cocomeri, dopo averlo vanamente urlato col *clackson*.

«Ah!... sì, certo», disse Baronfo, (dopo che lo sterminio de' cocomeri fu batticuore passato), cercando di afferrare il senso di quella domanda, che non ne aveva nessuno: «...e cioè... veramente... Ma la vita non mi ha dato molta fortuna... Eppure ho lavorato tanto!...»

«Perché, ingegnere, dice così? La fortuna è un sogno, un pensiero, direi una trovata, per cui ci illudiamo di discernere le forme vane della notte e i cupi misteri... Pensi che cosa è stato di me... Glie l'ho detto...» e Maria rivedeva gli anni sfiorarla, i fuggenti anni, e ricordava il tempo di ogni dolcezza e di ogni rimpianto, il tempo del passato. E vedeva un ragazzo biondo, assorto, la cui giovenile mano aveva scritto per lei ogni parola d'amore e poi comandato li assalti nella cenere delle battaglie, davanti a' baleni del Gòlgota buio.

Non sapevano dove, né come si fosse dilontanato. Nessuno sapeva.

Non aveva recato con sé medaglie, né un fiore: né alla notte aveva chiesto ribevere un attimo i tremanti baci di giovinezza, ché quelli solo avea conosciuto cui Doralice e Fiordiligi e Fiammetta così fervidi ebbero sulla lor bocca, dai donzelli loro: e sono gioia o pianto o sogno o canto infinito nella dedàlea fuga de' meravigliosi poemi.

«Un'americana avrebbe il coraggio di sposarmi, Maria,... e lei questo non l'ha... Io credo che guarirei, se lei avesse questo coraggio...»

«Lei, ingegnere, dev'essere un po' distratto...» (Nella voce della bimba quasi il pianto tremava) «...Mi risponde sempre con mezz'ora di ritardo... Adesso stavamo parlando della fortuna e non più dell'America, e tanto meno del mio coraggio...»

«Appunto, della fortuna...» disse Baronfo. «Maria, se la fortuna è un pensiero, mi lasci almeno pensare che... che...»

«Pensi, pensi fin che vuole!», e di tra le lacrime rise, a veder fiorire così stento quel madrigale. Baronfo, a' madrigali riparatorii, non era menomamente tagliato.

Alle *gaffes* però sì. Dalla notte della serenata, del Naviglio e delle glicine non s'era sentito più lui. Il mondo, invece, era più che mai quello, era tutto una interminabile via Pedrazzini:

e la «civiltà mediterranea» uno spropositato fischiar di grammofoni e, con presuntuoso gracchiar di cornette, uno sparare di scappamenti de' cafoni pervenutissimi: e, dentro, sdraiate, le femmine loro: analfabete, satolle. Ma nel castello delli antichi Signori, dopo il veleno antico, il ferro, e i libri del male, erano dolci, nobili donne: ed era la bimba che tanto aveva sognato, e così amaramente pianto: e l'immagine benedicente di Lei, che a ognuno sovviene: e nell'ora di male e di guerra e nell'ora che ha morte, stanco, il nostro pensiero mortale.

Lunga sosta a Somma Lombarda. La pioggia furente ed i tuoni li accompagnarono nelle deserte strade della pianura. Passati quasi a Milano e rivoltisi, i lor occhi errarono un istante nel sogno de' bagliori ultimi, lontanissimi, e la macchina nel dèdalo delle strade fradice, con ali di mota liquida e livida ne' soprassalti. Da Boffalora erano vicini omai al Castello e la notte era scesa. Le raganelle cantavano melanconiosi poemi, e i grilli, ingemmando le silenti rive.

Fu allora, di tra i vecchi alberi, che apparve a Baronfo, come il lumicino del bimbo sperduto, il lume rosso che tremolava davanti alla Madonna del Borromeo; quella così soavemente dipinta nel castello delli antichi Signori. (Sulla di cui torre e sull'arco il riquadro bianco accolse la vipera, suggello di lor dominio, nel mondo terreno).

Fu allora che Baronfo ripeté per la terza volta lo stesso discorso e questa volta capì finalmente che non c'era bisogno di ripeterlo ancora una quarta.

Fu allora anche però, mi duole di non poter omettere d'un così volgare incidente, che ne' tamburi de' freni le potenti molle schiacciarono dilatandosi le ciabatte loro contro il cavo della puleggia, e inchiodaron le razze. Dopo una curva e poco avanti la diramazione per il Castello, un'altra automobile, con la *capote* riabbassata, era ferma all'incontro e ingombrava senza dar passo. Dalla strada del Castello giungevano voci alterate, confuse. Il faro mobile di Maria bersagliò i viaggiatori della strana macchina: Baronfo si sporse e, con una certa sorpresa, conobbe di colpo ch'era il suo bimbo, e la di lui cara ed affezionata madre, Emma Renzi: e stava pensando che al bimbo fosse accaduto qualcosa, che ci volesse qualche medicina speciale, o qualche carta del municipio, quando Emma Renzi già era scesa e gli si era appressata.

«Ah! il filosofo! Eccolo qui quel caro filosofo! Eccolo qui l'ingegnere... quella perla d'un ingegnere, buono di pianger soltanto miseria... per non pagar la minestra... e poi li fai fuori da principe con ogni puttana che ti rimorchi a letto... Buonasera, ladro!... Ci siamo finalmente trovati!»

Un'ira paurosa era nella cecità dei modi e nel tono di quel ributtante dileggio. Nella notte umida il bimbo disperatamente piangeva; il guidatore, un ragazzo, parve allibito.

«Lettere, non le ricevi... Avvocati, sei fuori di casa! ma tuo figlio, che cosa devo farne del figlio? Vuoi che lo strozzi?... Vigliacco sei stato abbastanza, adesso non pensar però di cavartela così da vigliacco...» (Certe donne, forse malate, fanno uso dolorosissimo e cupido di questo epiteto, cui trasfigurate nell'ira prediligono sopra ogni altro). «Non sono quello che dici...», gridò l'ingegnere. «Il mio dovere lo so e non hai da insegnarmelo... Ma bada, non insultare a nessuno... fatti sposare da chi vuoi; lasciami in pace!»

«Sei tu, tu, che hai da sposarmi... Perché non devi sposarmi, perché?», diceva Emma Renzi avvicinandoglisi sempre di più. «Perché, porco rognoso?» (Così proprio gli disse, come risulta dagli atti processuali).

«Perché si sposa la sua donna, non la donna di tutti... da' qua il bambino... va' via...»

Una corta detonazione, ed un'altra subito, fu la risposta.

«Tièntele, vagabondo porcello!...»

«Assassina!...», gridò allora Maria fra orribili lacrime. «...Dio, Dio!...»

«Non è nulla, Maria», disse Baronfo accasciandosi.

«Ma che fate voi?...», implorò angosciosamente Maria, rivolta al guidatore di Emma, che con un balzo scavalcò la fiancata della macchina: «...Prendetela, non vedete che è un'assassina? tenetela!... Dove andate?» E sorreggeva con le due mani il compagno, che pareva smarrirsi.

«Non è nulla...», ripeté Baronfo; «la tua Protettrice... ci aiuterà...»

«Dove andate?... Fermatevi!... Aiutateci!», gridò piangendo e tremando convulsamente Maria al guidatore che si allontanava nel buio. L'altra s'era data febbrilmente a lavorar d'unghie nell'arma, che s'era ingranata: «Devi morire...», ruggiva; «...morire devi, ti dico...»

«Papà, Mamma!», urlava piangendo Maria, «...Salvateci, scendete!...»: e voleva scendere a terra come per affrontar quella, e non voleva lasciar di reggere con la sinistra il capo del compagno, che le pareva pesante, pesante, come deve essere la testa dei soldati morti.

Il bimbo strillava piangendo: «...No... no».

Il coraggio della purissima donna giudicò ch'era ormai vana ogni lotta: «Madre di Dio... prega per noi!»

Una detonazione orribile poco avanti e un lampo, dov'era fuggito quel ragazzo, e uno straziante grido, poi voci d'uomo violente.

«Aspetta a far fuoco, porco il tuo dio!» «Fermati, ho detto... fermatevi, o sparo!» Alte ombre sbucarono dalla buia boscaglia, con bandoliere bianche di pelle, con moschetti imbracciati. «È una donna!», esclamò la voce più forte e l'agente con un balzo fu sopra alla femmina: «Cosa fa? Cosa fa?» Presala per il collo la strascinava e rivolto gridava: «Gli avete presi quegli altri?... Chi sono?...»

«Papà, papà...», chiamava ancora Maria fra lacrime brucianti e, sedutasi, cercava ora con la destra di aprire il gilè, tra il groviglio della catenina d'oro. «Sono stanco... Maria... Mi perdoni!... Forse è la testa, non qui...», mormorò ancora il ferito.

Arrivarono altri, ansimando, carabinieri, famigli: Maria, esanimata quasi, volle riavere la sua volontà, riessere, vincere:

il motore pulsò nuovamente: e anche l'altro motore. «Andiamo... andiamo subito su...» La macchina la prese il loro meccanico: Antonio e altri adagiarono l'ingegnere, dietro: viveva. Poco più là il ragazzo, atrocemente ferito alle gambe dalla mitraglia, disteso come un morente per terra, diceva nello spasimo strazianti lamenti e ne' triangoli luce e ombra delle lanterne alcuni inginocchiati, ancora ansimando, lo palpavano e dislacciavano e altri guardavano inorriditi dando consigli, e chi comandava. Il bimbo seguitava a piangere dimenticato. Il brigadiere, strappatale via l'arma, teneva ancora pel collo Emma Renzi, che rivomitava ancora ingiurie ed ingiurie: e le dava ogni tanto una strizzatina, con una mano di ferro, perché aveva sentito dire, per certi convulsi, che è la meglio medicina che sia.

Tutti ansimavano dalla corsa, pensando ancora con una idea fissa ai banditi: poi i pochi rimasti, a furia di ricostruzioni, commenti, riferimenti, meraviglie e illazioni, pervennero a illuminarsi e capire: congratulandosi che fu un vero miracolo non essersi ammazzati gli uni con gli altri, perché nella notte, nel buio, moschetti carichi, la prima cosa che viene in mente è far fuoco; e quel fuoco è mitraglia.

Quando fu tutto finito, convalescenza, processo, pubblicazioni, il bimbo trovò una, in una grande campagna, che gli disse che mamma era partita e gli fece vedere i tacchini. C'era un'aria buona, viva: è la terra delle argentate balie de' nonni.

E così cominciò anche lui la sua vita, fra i tacchini, e veli tenui di nebbie.

A Rouen, con una sigaretta d'oro fra le labbra di corallo, gli occhi socchiusi come in una comparazione di lontani toni, Boffalora, Giamaica, M.lle Delanay ebbe occasione di commentare questo finale «si bourgeois»:

«Que voulez-vous, mes mignonnes? On ne le dirait pas de ces rustres, mais c'était bien meublé sur le Naviglio et au Castelletto. Elle avait de l'argenterie, elle avait du linge. Et puis

125

je l'ai quelque peu déniaisée. Et puis alors cet éberlué s'est finalement éveillé. Il a ronronné comme un matou en jouant le malade. Elle avait du linge, la petite! On ne s'imagine pas les tas de nappes pour vingt-quatre qu'ils avaient coffré là dedans, dans leurs épouvantables armoires! Depuis seize-cent qu'ils sont nichés dans cette tour à hiboux, dans cette bicoque à chauves-souris, ils n'ont fait autre chose qu'entasser des draps-de-lit et des serviettes par douzaines, dans des apothèques de chêne et de noix massif, lourdes et noires. Mon Dieu, ce qu'elles sentent la sacristie du barocco!

«Alors, pensez vous,... la roucoulade est aisée: ... voyons, mes mignonnes!»

Parve, socchiusi gli occhi, dilontanar lo sguardo di là dalle volute del fumo, non so se verso le Argonne o la Beresina.

«Tandis que nos gens», mormorò, «se faisaient tuer à la vendange des siècles...»

NOTE

1 Giornali milanesi del tempo, di parte «moderata» il primo e cattolica il secondo.

2 Oggi attribuito al Vecellio.

3 Altrove pneumatica significa scienza degli «spiriti» cioè teoria generale degli angeli e dei diavoli, delle loro facoltà e dei loro diportamenti.

4 Tarchiato.

5 In italiano: tavole o tavolini.

6 In italiano: seggiole o scranne.

7 Deserto perché questo fatto conseguì che era luglio e la «stagione» è a settembre.

Indice

Presentazione *di Dante Isella*   5

Teatro   19

Manovre di artiglieria da campagna   33

Studi imperfetti   49
   I.   L'ortolano di Rapallo   51
   II. Preghiera   52
   III. Certezza   53
   IV. Treno celere nell'Italia centrale   54
   V.   L'antica basilica   55
   VI. La morte di Puk   57
   VII. Sogno ligure   58
   VIII. Diario di bordo   60

Cinema   63

La Madonna dei Filosofi   85
   I   87
   II   91
   III   99
   IV   114

Finito di stampare
il 14 aprile 1989
dalla Garzanti Editore s.p.a.
Milano

———————

66702